SHENG HUO HAN YU

Chinese in Real Life

DI SAN CE

第三册

(BOOK Ⅲ)

鲁 洲 张 艳 杨逸鸥 编著

内容提要

《生活汉语(第三册)》是针对在华生活的有一定汉语基础的成年外国人编写的立体化汉语教程。按照《国际汉语教学通用课程大纲》的要求,分别从语言技能、语言知识、文化意识和学习策略四个维度为学生提供丰富的语料和练习,使师生们能在富含意义的情境中进行汉语作为第二语言的教与学。除纸质教材外,本套教材配有相应的数字化教学资源,能显著提高教学效果。

图书在版编目(CIP)数据

生活汉语. 第三册/ 鲁洲,张艳,杨逸鸥编著. —上海: 上海交通大学出版社,2018(2024 重印)
ISBN 978-7-313-19905-8

Ⅰ. ①生… Ⅱ. ①鲁… ②张… ③杨… Ⅲ. ①汉字—对外汉语教学—教学参考资料 Ⅳ. ①H195.4

中国版本图书馆 CIP 数据核字(2018)第 179633 号

生活汉语(第三册)
SHENGHUO HANYU (DI SAN CE)

编　　著: 鲁　洲　张　艳　杨逸鸥
出版发行: 上海交通大学出版社
邮政编码: 200030
印　　制: 上海新艺印刷有限公司
开　　本: 889 mm×1194 mm　1/16
字　　数: 166 千字
版　　次: 2018 年 8 月第 1 版
书　　号: ISBN 978-7-313-19905-8
定　　价: 68.00 元

地　　址: 上海市番禺路 951 号
电　　话: 021-64071208
经　　销: 全国新华书店
印　　张: 15.5
印　　次: 2024 年 9 月第 3 次印刷
音像书号: ISBN 978-7-88941-247-6

编写说明

《生活汉语(第三册)》是针对在华生活的有一定汉语基础的成年外国人编写的汉语教材。本册共有十课,每课都有一个核心话题,这些话题均和学生们的日常生活有关。我们为这些话题设置了合适的情境,编写了相应的对话、课文、练习等,将常用词汇、语法等融入其中,希望能为师生提供一本易学好教的教材。学完本册教材后可达到新 HSK 四级水平、欧洲语言共同参考框架 A2 水平。每课建议教学时长为 8～12 课时,可供大学语言教学部门、培训机构等单位作为长、短期综合教材使用。本教材配有丰富的辅助教学资源,包括 MP3 录音、生词表及练习等,可登录 https://vc2000cn.wixsite.com/cirl 获取或扫描封底二维码。

本教材的特色主要有以下几点:

(1) 每课都由热身活动引入,通过与该课话题相关的活动激发学生的学习兴趣。

(2) 每课包含一个对话体和一个叙述体的文本,分别从不同角度为学生提供特定情境下的汉语使用样本。

(3) 每课均配有听、说、读、写的技能练习,旨在提升学生的汉语综合运用能力。每项练习的内容互相之间有一定相关性,在提高语言点复现率的同时训练不同的技能和学习策略。信息差练习创造性地使用了A、B两个角色的内容分在不同页面的排版设计,有助于加强学生的表达欲望。

(4) 提供了丰富的在线资源,包括PPT课件、QUIZLET生词表、练习等。

本册教材的使用建议如下:

(1) 每课前均有能力目标和主要语言点,开门见山地告诉师生本课的教学重点,教师应围绕这些目标开展教学,不必拘泥于教材的内容和语言点,可以结合学生的情况进行补充和引申,就是语言教学界常说的"个性化"(Personalize)。每个点后面我们都有一个空格,这是为了培养学生在学完每课以后养成自评的习惯。

(2) 每课的第一个内容是热身练习,这是用来将学生的思路引入课堂教育,激发他们学习兴趣的板块。教师在教学时要多鼓励学生积极参与,即使犯错也没有关系。教师也可以把一些相关词汇、语法等加入进来,看看学生的掌握情况,为后面的教学"侦查好情况",做好铺垫。

(3) 第二个内容是对话环节,我们建议教师先不要让学生看书,先做些听力训练,听前可以布置问题或练习等,然后让学生听后作答。对话内容我们附上了拼音版本,以便于汉字基础不好的学生能了解对话内容,但是排版时还是与汉字分开,主要是希望学生能加强汉字认读,不要过于依赖拼音。对话内容除了可以用来做听力训练以外,还可改编成完形填空、排列顺序等其他的练习方式。对话内容往往包含了常用的口语惯用语,有些跟文化因素有关,有些仅仅是一种习惯表达,但是这些都需要依赖一个语境,所以我们希望老师们能充分结合语境来解释和练习这些表达。

(4) 第三部分是生词,我们给部分生词增加了搭配,便于学生扩展、拓升词汇的运用能力。

(5) 第四部分是课文，课文主要以叙述体为主，我们希望给学生提供一个书面表达的范例，内容也大多与前面的对话和后面写作的内容有关联。课文可以用来作为语法练习、阅读训练的材料，也可以让学生做一些缩写、仿写和扩写的练习。

(6) 第五部分的生词与之前的生词体例相似，我们在排版上分开处理，主要是为了便于教师在教学时分段处理，也让学生不要因为一下子看到很多生词而倍感压力。

(7) 第六部分是语法解释，这部分的解释我们参考了《现代汉语八百词》《汉语语法指南》等语法参考书、网络上公开的语法教学资源网站，也融入了老师们的教学经验和实践。

(8) 为了进一步巩固对主要语言点的理解，我们在第七部分设计了相关的语法练习，这些练习覆盖了主要的语言点，并将其放在一定的情境中。教师可以根据情况灵活使用。有些比较机械的练习可以布置成课后作业；有些互动性比较强的练习可以在课堂内完成；有些语法练习还可以先让学生试着做做，让他们自己总结出句式及语义的特点。

(9) 第八部分是听说练习，作为一本综合性教材，我们希望在教材里覆盖各种技能，因此这一部分主要是听力技能训练，但是在教学时并不一定只是听的训练。除了听后回答问题外，教师还可以让学生听后写(打)出主要内容，听后记笔记、总结大意是日常语言使用中很重要的一个能力。抓住细节、听懂说话人的意图等能力要建立在熟练理解所听内容的基础上，而且需要大量的训练。

(10) 第九部分是完成对话练习，这一部分是一个对主要语言点的灵活运用的练习。学生需要在情景中运用所给的结构，进一步强化应用能力。教师可以比较不同学生（小组）完成的情况，看看谁做得更好，并帮助学生分析好在哪儿、原因是什么。这种练习往往会出现单句没问题，但是放在上下文中就不是很合适的情况，教师有时也会忽略从语篇角度检查其正确性，导致学生理解上的偏差。

(11) 第十部分是信息差练习，需要两位学生合作完成。这一练习里会有一些生词，教师可以根据情况提前讲解一下或者让学生在练习中互相沟通解决。我们把内容放在不同的页面，是为了学生在完成练习时不受干扰，专心于听同伴的表达。

(12) 第十一部分是阅读理解，短文的内容、长度和难度都和该课匹配，后面的练习也希望能达到训练学生阅读技能的目的。

(13) 最后一部分是作文，我们要求学生使用指定语言点，是为了提升学生书面表达的难度以及语言点的书面表达能力。为了帮助学生写好作文，我们还设计了一个写作框架，学生可以先想一下我们设计的这些问题，然后再将它们组织在一起。教师可在课内让学生先就内容进行讨论，给学生一些启发，也可以提供一些文章让学生读后聊一聊，切忌仅仅把这个练习作为课后作业，让学生自己去写，最后老师就打个分。作文的训练对于提高汉语书面表达能力至关重要，教师要认真批阅学生作文，并给予正确、及时的反馈，可以将普遍的问题和优秀的作品进行分析与讲解，让学生逐步加深对于汉语书面表达的认识。我们在附录中分别列出了作文和口语的评分参考标准，供教师评测和学生自评时使用。

本教材是由东华大学国际文化交流学院的多位老师合作编写而成，他们的具体分工如下：第21、26、29、30课主要由鲁洲负责，第23、27、28课主要由张艳负责，第22、24、25课主要由杨逸鸥负责，插图由张钰老师根据要求绘制，鲁洲负责最后统稿。

本教材的付梓离不开学院领导、同仁以及上海交通大学出版社领导和编辑的大力支持，在此致以我们衷心的谢意。

我们真诚欢迎您对本教材提出宝贵意见和建议。如您在使用过程中有任何问题或需要相关资源，欢迎通过 shenghuohanyu@gmail.com 与我们联系。

目 录

第二十一课　我来过上海　1

目标：1. 能听懂和使用接机的用语；2. 能表达人或地方的变化

对话生词：过、机场、陈、派、接、久、停车场、行李、箱(子)、不用、重、市区、以前、当然、不止、上(一)次、盖、农田、浦东、发展、别说…就是…、估计

课文生词：跟、国外、对…感兴趣、老家、变化、终于、机会、变成、马路、宽

语言点：1. 过；2. 主题评论句；3. 来；4. …不/得出来；5. 别说…就是…；6. 对…感兴趣

第二十二课　我想做一件中式旗袍　21

目标：1. 能听懂和使用做衣服的用语；2. 能介绍旗袍的特点

对话生词：中式、旗袍、合身、布料、有名、过奖、款式、短袖、个子、该、棉、丝绸、领子、开叉、立领、恐怕、来得及、来不及、即使、聚会、要不、样品、按照、尺寸、改、记、定金、支付宝

课文生词：服装、当、近、裁缝、专、不仅、想法、加入、与众不同、特点、客人、至少、愿意、慢工出细活、设计、新颖、回头客

语言点：1. 对…来说，…；2. 该…；3. 可能补语“来得及”“来不及”；4. 即使…也…；5. 按照；6. 不仅…还…；7. 至少

第二十三课　她穿着一件黑色毛衣　42

目标： 1. 能描述一个人的穿着；2. 能介绍认错人的经历并解释原因

对话生词： 认错、以为、俩、像、忘、戴、眼镜、留、着、长发、毛衣、副、身高、稍微、胖、巧、好奇、说话、怪不得

课文生词： 同事、小伙子、刚刚、毕业、瘦、衬衫、西裤、显得、精神、眼睛、晒、笑眯眯

语言点： 1. 以为；2. 怪不得；3. 差点儿；4. 刚刚

第二十四课　这个发型很适合你的脸型　59

目标： 1. 能听懂和使用理发的用语；2. 能对怎么理(发)提出要求

对话生词： 发型、脸型、剪、烫、普通、理发师、药水、帮、洗、干洗、卷、流行、难、打理、梳、既然、染、否则、老气、颜色、千万、修、前台、结账

课文生词： 头发、帅哥、热情、打招呼、告诉、发质、干、护理、灰色、摇、活动、受不了、闭、理、当、镜子、天哪、连、刘海

语言点： 1. 既然…就；2. 否则；3. 疑问代词表示任指；4. 千万；5. 受不了、受得了；6. 闭上；7. 当…的时候；8. 连…都

第二十五课　毛茸茸的小狗真可爱　80

目标： 1. 能听懂和使用介绍猫狗特点的用语；2. 能表达养宠物的好处和坏处

对话生词： 照顾、猫、壮、品种、金毛、大型、犬、性格、温顺、毛茸茸、从来、养、注意、各、喂、拉、吓、小朋友、腿、咬、乱、打架、说不定、本来、宠物店、寄养、笼子、自由、可不是、店员、根本、顾

课文生词： 首先、忠诚、成为、甚至、家人、其次、健康、遛、培养、爱心、卫生、清理、大便、搞、臭、另外、由于、拴、绳子

语言点： 1. 够…的；2. 从来；3. 有…这么…；4. 本来；5. 可不是；6. 根本；7. 过来；8. 首先…其次…；9. 由于；10. 甚至

第二十六课　我对跑步很感兴趣　104

目标： 1. 能介绍一项爱好的运动；2. 能听懂简单的体育新闻；3. 能表达运动的感受；4. 能总结运动的好处

对话生词： 马拉松、比赛、参加、全程、新闻、第一名、非洲、姑娘、天生、长跑、能手、加强、锻炼、坚持、成绩、得、为了、输赢、名次、毅力、短跑、强、项、厉害、挑战、后来、加油、啦啦队、无聊、不如

课文生词： 既…又…、减轻、压力、来、感觉、像…似的、练习、那时、总是、到底、轻松、浑身、舒服、必不可少、部分

语言点： 1. 那可不；2. 哪有…的；3. 下来；4. 不是…也不是…而是…；5. 不如；6. 既…又…；7. 上；8. 像…似的

第二十七课　老师教我做中国菜　124

目标： 1. 能听懂简单的中国菜的做法，包括材料、方法等；2. 能简单评价菜的味道、营养等；3. 能介绍西红柿炒鸡蛋的做法

对话生词： 香、油、家、中餐、宫保鸡丁、黑椒牛肉、麻婆豆腐、西红柿炒鸡蛋、酸、味道、请客、拿手菜、切、成、小块儿、打、散、盐、糖、加热、倒、翻、熟、盛、根据、口味、糟糕、当

课文生词： 做起来、复杂、需要、材料、准备、鸡胸肉、黄瓜、胡萝卜、葱、辣椒、酱油、醋、料酒、丁、腌、接下来

语言点： 1. “把”字句总结；2. 结果补语：熟、干净、好；3. 复合趋向补语引申义：看起来、做起来、接下来；4. 特别是

第二十八课　怎么还没发货？　147

目标： 1. 能听懂快递客服关于商品、发货、运费的信息；2. 能提出快递发货的要求；3. 能描述寄快递的过程

对话生词： 双、鞋、急、客服、催、发货、亲、耐心、下单、尽快、安排、路上、发不了（货）、寄、补、差价、当天、保证、客户、包邮、双十一、利润、包不了（邮）、哪怕、链接、备注

课文生词： 查、半天、收件、成功、数、还是、结果、份

语言点: 1. 急着;2. 兼语句;3. 都…了;4. 可能补语:…不上、…不到;5. 哪怕…,也/还…

第二十九课　这部电影很感人　167

目标: 1. 能听懂电影(视)的导演、演员、片子类型等简单的信息;2. 能描述看电影(视)时的感受;3. 能介绍一部喜欢的电影(视)

对话生词: 部、感人、电影、战狼、呗、热门、好看、讲、刺激、军人、故事、热血沸腾、战争、爱情、片、好莱坞、浪漫、奥斯卡奖、冯小刚、导演、拍、唐山大地震、哭、湿、包、纸巾、瞧、来着、稀里哗啦、哈哈大笑、夸张、笑点、骗、信、咱俩

课文生词: 归来、特殊、主角、犯人、监狱、逃、妻子、前途、见面、事情、警察、约、地点、火车站、丈夫、抓走、多年、假扮、修理工、接近、其实

语言点: 1. 状态补语;2. 多重修饰语;3. …来着;4. 被V.走

第三十课　我们一起演个小品吧　188

目标: 1. 能表达怎么组织活动,安排任务;2. 能描述一场活动或演出;3. 能听懂节目的类型、名字等信息;4. 能看懂和写节目单

对话生词: 演、小品、学期、结束、演出、节目、讨论、表演、数、唱歌、合唱、首、作为、班级、太极拳、动作、结业、有道理、花、而且、倒、担心、课上、对话、多了、课间、角色、分头、剧本、台词、帮忙、包

课文生词: 典礼、日子、紧张、进步、和善、闹、笑话、遍、改正、鼓励、动力、观众、热烈、鼓掌、激动、拥抱

语言点: 1. 数…最好;2. 作为;3. …是…,但是…;4. 才;5. 倒;6. 离合词;7. “地”字修饰语

附录一　词汇总表　210

附录二　听力文本　226

附录三　口语话题表达评分参考标准　233

附录四　作文评分参考标准　234

第二十一课　我来过上海

本课目标

1. 能听懂和使用接机的用语 □
2. 能表达人或地方的变化 □

主要语言点

1. 过 □
2. 主题评论句 □
3. 来 □
4. ……不/得出来 □
5. 别说……就是…… □
6. 对……感兴趣 □

一、热身练习

1. 去机场坐飞机的时候，要经过以下这些地方才能到飞机上。请将下面的图片按照正常的顺序排列

（　　）　（　　）　（　　）　（　　）　（　　）

2. 下面是机场到达口的两张图，请看图回答问题

（1）图中的男人在哪儿？你是怎么知道的？

（2）他在做什么？他和这个女人认识吗？

（3）猜猜他们在说什么？

二、对话

（在机场，小陈在等王云）

王云：你好，我是王云。

小陈：我是小陈。公司派我来接您。

王云：不好意思，让你久等了。

小陈：您太客气了，这是我应该做的。司机在停车场等我们。

王云：好，那我们走吧。

小陈：行李箱给我吧。

王云：不用，箱子不重，我自己来吧。

小陈：那我们这边走。

（五分钟以后，司机接了他们往市区开）

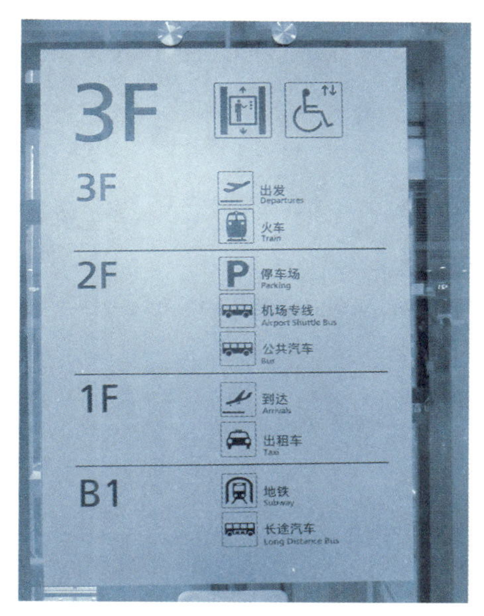

小陈：王小姐，您以前来过中国吧？

王云：当然，来过不止一次。

小陈：那您上一次是什么时候来的？

王云：差不多是十年前吧。

小陈：十年前？

王云：是啊，确实挺长时间了。

小陈：这一路过来，很多地方都**认不出来**了吧？

王云：这些都是新盖的楼吧，以前好像这里都是农田。

小陈：这些年浦东发展太快了，**别说**十年没来了，**就是**一年没来，估计您都认不出来了。

（Zài jīchǎng dàodákǒu，Xiǎo Chén zài děng Wáng Yún）

Wáng Yún：Nǐ hǎo，wǒ shì Wáng Yún。

Xiǎo Chén：Wǒ shì Xiǎo Chén。Gōngsī pài wǒ lái jiē nín。

Wáng Yún：Bù hǎoyìsi，ràng nǐ jiǔ děng le。

Xiǎo Chén：Nín tài kèqi le，zhè shì wǒ yīnggāi zuò de。Sījī zài tíngchēchǎng děng wǒmen。

Wáng Yún：Hǎo，nà wǒmen zǒu ba。

Xiǎo Chén：Xínglixiāng gěi wǒ ba。

Wáng Yún：Búyòng，xiāngzi bú zhòng，wǒ zìjǐ lái ba。

Xiǎo Chén：Nà wǒmen zhèbiān zǒu。

（Wǔ fēnzhōng yǐhòu，sījī jiēle tāmen wǎng shìqū kāi）

Xiǎo Chén：Wáng xiǎojiě，nín yǐqián láiguo Zhōngguó ba？

Wáng Yún：Dāngrán，láiguo bùzhǐ yí cì。

Xiǎo Chén：Nà nín shàng yí cì shì shénme shíhou lái de?

Wáng Yún：Chàbuduō shì shí nián qián ba。

Xiǎo Chén：Shí nián qián?

Wáng Yún：Shì a，quèshí tǐng cháng shíjiān le。

Xiǎo Chén：Zhè yílù guòlái，hěn duō dìfang dōu rèn bu chūlái le ba?

Wáng Yún：Zhèxiē dōu shì xīn gài de lóu ba，yǐqián hǎoxiàng zhèlǐ dōu shì nóngtián。

Xiǎo Chén：Zhèxiē nián Pǔdōng fāzhǎn tài kuài le，biéshuō shí nián méi lái le，jiùshì yì nián méi lái，gūjì nín dōu rèn bu chūlái le。

三、对话生词

1. 过	guò	used after a verb to indicate a experiential aspect
2. 机场	jīchǎng	airport 飞机场
3. 陈	Chén	(a surname) “小”“老”常用于姓前分别称呼年纪相对较小或年纪较大的人，表示亲切。

		"xiǎo" or "lǎo" often precedes a family name referring to address the young or the senior respectively, showing the emotion of kindness.
4. 派	pài	to send, to dispatch 派人,派车
5. 接	jiē	to meet, to pick someone up 接人,接机
6. 久	jiǔ	for a long time 好久不见
7. 停车场	tíngchēchǎng	parking lot
8. 行李	xíngli	luggage
9. 箱(子)	xiāng(zi)	box 行李箱,纸箱,超重的箱子
10. 不用	búyòng	need not
11. 重	zhòng	heavy
12. 市区	shìqū	urban
13. 以前	yǐqián	before
14. 当然	dāngrán	certainly, of course
15. 不止	bùzhǐ	not limited to
16. 上(一)次	shàng(yí)cì	last time
17. 盖	gài	to build (a house) 盖房子,盖楼

18. 农田	nóngtián	farmland
19. 浦东	Pǔdōng	the east side area of the Huangpu River in Shanghai
20. 发展	fāzhǎn	to develop
21. 别说……就是……	biéshuō…… jiùshì……	not to mention ... even ...
22. 估计	gūjì	to estimate

四、课文

王云生在中国，十多岁就跟着父母到了国外。她对老家的变化很感兴趣，一直想回去看一看。今年她终于有机会回到了老家。她以前住的房子已经不在了，变成了新盖的大楼；以前的农田现在是大公园，周围马路也更宽了；以前的学校还在，不过现在比以前大多了。王云觉得老家的发展太快了，她快认不出来了。

Wáng Yún shēng zài Zhōngguó, shí duō suì jiù gēnzhe fùmǔ dào le guówài。Tā duì lǎojiā de biànhuà hěn gǎn xìngqù, yìzhí xiǎng huíqù kànyikàn。Jīnnián tā zhōngyú yǒu jīhuì huí dào le lǎojiā。Tā yǐqián zhù de fángzi yǐjīng bú zài le，biànchéng le xīn gài de dàlóu；yǐqián de nóngtián xiànzài shì dà gōngyuán，zhōuwéi mǎlù yě gèng kuān le。Yǐqián de xuéxiào hái zài，búguò xiànzài bǐ yǐqián dà duō le。Wáng Yún juéde lǎojiā de fāzhǎn tài kuài le，tā kuài rèn bu chūlái le。

五、课文生词

1. 跟	gēn	to follow
2. 国外	guówài	overseas，abroad
3. 对……感兴趣	duì …… gǎn xìngqù	be interested in ...
4. 老家	lǎojiā	hometown
5. 变化	biànhuà	change 有很大的变化
6. 终于	zhōngyú	finally
7. 机会	jīhuì	chance，opportunity
8. 变成	biànchéng	to change into，to turn into，to become
9. 马路	mǎlù	street，road
10. 宽	kuān	wide

六、语法解释

1. 过

“过”表示经历过某事。用于动词后面，发轻声。

“Guò” is placed after the verb to signify an action having been experienced. It’s pronounced nuetral.

否定用“没”，疑问句用“……过……没有/吗？”

The negtive form is “méi …… guo ……”, and the question form is “…… guo …… méiyǒu/ma?”

你去过北京吗？我没去过，但我去过上海。Have you been to Beijing? No, I haven’t, but I have been to Shanghai.

她爱过他，但现在不爱了。She loved him, but now she doesn’t.

2. 行李箱给我吧！

这是一个主题评论句。“行李箱”是主题，“给我”是对这个主题提出的动作建议。这里省略了主语“你”，完整的句子是“行李箱，你给我吧”。

This is a topic-comment sentence. Here “xínglixiāng (luggage case)” is a topic, “gěi wǒ (give me)” is a proposal raised towards the topic, in which the subjuct “you” is omitted. The complete sentence should be “xínglixiāng, nǐ gěi wǒ ba” which means “Please let me handle your luggage case”.

苹果(你)吃了吗？Have you eaten the apple?

这样的天气我最不喜欢。I dislike this kind of weather most.

3. 来

在对话里,"来"后面省略了主要动词"拿"。"我自己来"的意思是我自己拿行李。"来"可以代替主要动作,常用于建议。

In the dialogue, the main verb "take" which should be placed after "lái" is omitted, so the sentence "wǒ zìjǐ lái" means "I take my own luggage". "Lái" can be used to replace the main verb to denote the function of suggestion.

这么容易的题你们都不会做,我来吧。Such easy items you cannot do, just let me do it.

这个行李箱太重了,你来吧。This luggage case is too heavy to carry. You take it.

4. ……不/得出来

这一结构叫可能补语,对话中的"认不出来"的意思是因为离开上海时间太长,这个地方变化很大,王云不能认出来。"出来"在这里表示从不认识到认识的过程,"认得出来"就是想一想以后有能力确定这个地方/人是认识的。"来"常常可以省略。

This structure is called complement of potential. "rèn bu chūlái" in the dialogue means Wang Yun cannot recognize the areas because they have been changed a lot since she left Shanghai long time ago. "Chūlái" here means the process of recognition. "Rèn de chūlái" means being able to recognize some place or some body after thinking it over. "lái" is usually omitted.

你听得出来我是谁吗？Can you tell by hearing who I am?

我们的老师已经50岁了？我怎么一点儿也看不出来。Is our teacher already 50 years old? I cannot tell at all by seeing.

你认得出她吗？Are you able to recognize her?

5. 别说A，就是B

"别说"和"就是"后面带的A和B是相似的内容，但是说话者认为它们之间相差很大，A的程度比B高很多。对话里，王云因为十年没来上海了，所以不认识了，但是小陈觉得上海发展太快，一年的时间可能就已经让王云认不出来了。

"Biéshuō" and "jiùshì" are used to connect concession sentences. Both of them carry the contents of same characteristics, and in the speaker's view, A and B contrast greatly in between — the extend of A is far more higher than B. In the dialogue, Wang Yun cannot recognize certain areas because she haven't been in China for ten years, but Xiao Chen thinks Shanghai develops so fast that even one year after Wang Yun left China, she might not be able to recognize it.

(一位女士在说减肥)别说减十斤，就是减一斤，我也很高兴。(A lady is talking about weight-losing) Don't mention losing 5 kg, even if losing 0.5 kg, I will be very satisfied.

(一位男士在抱怨他的妻子不会做菜)别说做西红柿炒鸡蛋了，就是炒青菜我老婆也不会。(A husband is complaining about his wife's inability of cooking skills) Don't mention cooking fried eggs with tomato, even the fried green vegetable, my wife can't cook.

6. 对……感兴趣

这一结构表示对某人或某事有兴趣。相似的结构有“对……有好处”“对……有信心”“对……有偏见”等。否定词或副词放在动词前面,例:“对……不感兴趣”“对……没有好处”“对……非常有信心”。

“Duì …… gǎn xìngqù” means be interested in somebody or something. The similar structures are “be good to …” “have confidence in …” “have bias in …” etc. The negative words or adverbs can be placed preceding the verbs as “duì …… bù gǎn xìngqù” “duì …… méiyǒu hǎochù” “duì …… fēicháng yǒu xìnxīn”.

如果你对我们的工作感兴趣,你可以申请一下。If you are interested in our position, you can try to apply for it.

因为他对那个国家的文化有偏见,所以他对去那儿学习不感兴趣。He has bias on the culture of that country, so he isn't interested in studying there.

七、语法练习

1. 调查一下你的同学他们去过哪些国家(地方),做过哪些有意思的事情

	你去过……	你吃(喝)过……	你看(听)过……	你做过……
______同学				
______同学				
______同学				
______同学				
______同学				

2. 你最近要搬家，所以要处理以下这些东西，请用括号里的词语造句

例：电视机我打算放在二手网上卖掉。

(1) 这些很久没看的书______________________________(送)

(2) 宜家买的小衣柜______________________________(卖)

(3) 电饭锅和炒锅______________________________(搬)

(4) 过时的衣服______________________________(扔)

(5) 两年前买的自行车______________________________(借)

3. 请说说下面这些句子中“来”的意思

(1) 他每天早上很早来公司上班。

____

(2)“来，来，来，快进来，外面太冷了。”

____

（3）你们不用担心，这件事让我来吧。

____

4. 请用“动词＋得/不出来”填空

今天我要去机场接一位老朋友。我们已经有近二十年没有见面了。我不确定是不是能______（认）。前两天，她给我打电话，问我______（听）她是谁吗。我想了半天还是______（想）。

5. 请用所给的语言点完成句子

（1）多吃蔬菜______，久坐______。［对……（没）有……］

（2）我常去博物馆，因为______（对……感兴趣）。

（3）老师教我们很多学习方法，这些方法______（对……有……）。

（4）我去学校学习汉语，因为______（对……有帮助）。

八、听说练习：听后回答问题

（1）他们两个人认识吗？

____

（2）男的认出女的了吗？

____

（3）女的帮男的拿行李了吗？

____

（4）男的现在去哪儿？

____

九、完成对话

李天：你去过美国吗？

李丽：______________________。

李天：你是什么时候去的？

李丽：______________________。

李天：那么久之前去的？

李丽：______________________（认不出来）。

李天：你觉得有什么好玩的？

李丽：______________________（……，因为我对……感兴趣）。

Lǐ Tiān：Nǐ qùguo Měiguó ma?

Lǐ Lì：______________________。

Lǐ Tiān：Nǐ shì shénme shíhou qù de?

Lǐ Lì：______________________。

Lǐ Tiān：Nàme jiǔ zhīqián qù de?

Lǐ Lì：______________________（rèn bu chūlái）。

Lǐ Tiān：Nǐ juéde yǒu shénme hǎowán de?

Lǐ Lì：______________________（……，yīnwèi wǒ duì …… gǎn xìngqù）。

十、同伴练习

A.

	去过哪儿	是什么时候去的	为什么去	对……感兴趣
小　王				
马老师	非洲多个国家	2～3 年以前	去孔子学院当汉语老师	非洲文化
老　李				
张经理	北京、上海、广州	去年在贸易公司工作的时候	与客户谈生意	各地的风土人情

(B 同学看课末十、B)

十一、阅读理解

今天小红上班的时候接到一个电话,电话里的人问她听不听得出来他是谁。小红觉得这个声音很熟悉,但是还是听不出来他是谁。电话里的人笑笑说:“我是小马啊,你不记得了?”小红这才想起来。小马是她小学时候的好朋友。他的爸爸是法国人,妈妈是中国人。他是三年级的时候跟父母一起去法国的,后来就没回过中国。他们有二十多年没见面了。小马告诉她公司派他来中国工作一段时间,周末他就来上海了。小红知道以后非常高兴,她告诉小马自己会去机场接他。那天小红很早就在机场等小马,虽然两人二十多年没见了,但是小马出来的时候,小红一眼就认出了他。他们见面后很激动，互相拥抱，聊得非常开心。

Jīntiān Xiǎohóng shàng bān de shíhou jiēdào yí gè diànhuà, diànhuà lǐ de rén wèn tā tīng bu tīng de chūlái tā shì shuí。Xiǎohóng juéde zhège shēngyīn hěn shúxi, dànshì háishi tīng bu chūlái tā shì shuí。Diànhuà lǐ de rén xiàoxiao shuō:“wǒ shì Xiǎo Mǎ, nǐ bú jìde le?” Xiǎohóng zhè cái xiǎng qǐlái。Xiǎo Mǎ shì tā xiǎoxué shíhou de hǎo péngyou。Tā de bàba shì Fǎguórén, māma shì Zhōngguórén。Tā shì sān niánjí de shíhou gēn fùmǔ yìqǐ qù Fǎguó de, hòulái jiù méi huíguo Zhōngguó。Tāmen yǒu èrshí duō nián méi jiàn miàn le。Xiǎo Mǎ gàosu tā gōngsī pài tā lái Zhōngguó gōngzuò yí duàn shíjiān, zhōumò tā jiù lái Shànghǎi le。Xiǎohóng zhīdào yǐhòu fēicháng gāoxìng, tā gàosu Xiǎo Mǎ zìjǐ huì qù jīchǎng jiē tā。Nà tiān Xiǎohóng hěn zǎo jiù zài jīchǎng děng Xiǎo Mǎ, suīrán liǎng rén èrshí duō nián méi jiàn le, dànshì Xiǎo Mǎ chūlái de shíhou, Xiǎohóng yì yǎn jiù rènchūle tā。Tāmen jiàn miàn hòu hěn jīdòng, hùxiāng yōngbào, liáo de fēicháng kāixīn。

读后判断对错

（1）小马和小红是在法国认识的。　（　）

（2）小红没有和小马一起去法国。　（　）

（3）小红收到小马的电话，小马告诉小红他要来中国工作。　（　）

（4）小红去机场接小马的时候，一下子就认出了小马。（　　）

（5）两人见面后握手了。（　　）

十二、作文

题目：……的变化

内容：介绍人或地方以前怎么样，现在怎么样，有什么不一样

语言点：V过，是……的，……得（不）出来，别说……就是……

字数：200～300字

提示问题

（1）（人或地方）以前怎么样？

____

（2）现在怎么样？

____

（3）有哪些变化？

① ______________________________

② ______________________________

③ ______________________________

100字

200字

300字

十、B.

	去过哪儿	是什么时候去的	为什么去	对……感兴趣
小　王	黄山	去年 7 月	画风景画（fēngjǐnghuà）	山水
马老师				
老　李	英国、法国、西班牙	七八年以前	和家人一起去旅行	欧洲历史和文化
张经理				

第二十二课　我想做一件中式旗袍

本课目标

1. 能听懂和使用做衣服的用语 □
2. 能介绍旗袍的特点 □

主要语言点

1. 对……来说，…… □
2. 该…… □
3. 可能补语“来得及”“来不及” □
4. 即使……也…… □
5. 按照 □
6. 不仅……还…… □
7. 至少 □

一、热身练习：看图回答问题

图 1　　　　图 2

(1) 看图 1 和图 2,王云分别在做什么?

(2) 你觉得买衣服和做衣服有什么不一样?

二、对话

王　云：周师傅,您好,我是王云,昨天给您打过电话。

周师傅：哦,你好,是来做旗袍的,对吧?

王　云：是啊,我的中国朋友小李推荐我来的。做旗袍比买虽然贵些,但更合身,布料也更放心。朋友说您的旗袍店在上海开了 30 多年了,很有名。

周师傅：过奖了,你想做什么款式的旗袍?

王　云：我喜欢这种短袖的中式旗袍。

周师傅：你个子高,这件对你来说有点儿短,我建议你穿长款的。

王　云：好，就听您的。布料我不知道该选什么好。

周师傅：我们有棉的、丝绸的，你要是夏天穿就做丝绸的吧，穿着凉快。你对领子和开叉有什么要求吗？

王　云：中式旗袍常常做立领，夏天穿恐怕有点儿热吧，还有别的款式吗？

周师傅：有，您看看，这是几种领子，都不错。

王　云：我要这种领子吧，开叉不要太高。对了，周师傅，我下个月就要穿，来得及吗？

周师傅：那可来不及，即使现在开始做，也得要两个月。

王　云：那怎么办？我做旗袍就是为了下个月的一个聚会。

周师傅：要不你看看这件样品，我可以按照你的尺寸改一下，下个星期就能穿。

王　云：好，我先试试吧。

周师傅：尺寸我都记好了，先付定金500块，下周我改好尺寸你再来试一试。

王　云：好，可以用支付宝吗？

周师傅：支付宝和微信都可以。

Wáng Yún：Zhōu shīfu，nín hǎo，wǒ shì Wáng Yún，zuótiān gěi nín dǎguo diànhuà。

Zhōu shīfu：Ò，nǐ hǎo，shì lái zuò qípáo de，duì ba?

Wáng Yún：Shì a，wǒ de Zhōngguó péngyou Xiǎo Lǐ tuījiàn wǒ lái de。Zuò qípáo bǐ mǎi suīrán guì xiē，dàn gèng héshēn，bùliào yě gèng fàngxīn。Péngyou shuō nín de qípáodiàn zài Shànghǎi kāile 30 duō nián le，hěn yǒumíng。

Zhōu shīfu：Guòjiǎng le，nǐ xiǎng zuò shénme kuǎnshì de qípáo?

Wáng Yún：Wǒ xǐhuan zhè zhǒng duǎnxiù de Zhōngshì qípáo。

Zhōu shīfu：Nǐ gèzi gāo，zhè jiàn duì nǐ lái shuō yǒudiǎnr duǎn，wǒ jiànyì nǐ chuān chángkuǎn de。

Wáng Yún：Hǎo，jiù tīng nín de。Bùliào wǒ bù zhīdào gāi xuǎn shénme hǎo。

Zhōu shīfu：Wǒmen yǒu mián de、sīchóu de，nǐ yàoshi xiàtiān chuān jiù zuò sīchóu de ba，chuānzhe liángkuai。Nǐ duì lǐngzi hé kāichà yǒu shénme yāoqiú ma?

Wáng Yún：Zhōngshì qípáo chángcháng zuò lìlǐng，xiàtiān chuān kǒngpà yǒudiǎnr rè ba，hái yǒu bié de kuǎnshì ma?

Zhōu shīfu：Yǒu，nín kànkan，zhè shì jǐzhǒng lǐngzi，dōu búcuò。

Wáng Yún：Wǒ yào zhèzhǒng lǐngzi ba，kāichà búyào tài gāo。Duì le，Zhōu shīfu，wǒ xià ge yuè jiù yào chuān，láidejí ma?

Zhōu shīfu：Nà kě láibují，jíshǐ xiànzài kāishǐ zuò，yě děi yào liǎng gè yuè。

Wáng Yún：Nà zěnme bàn? Wǒ zuò qípáo jiùshì wèile xià ge yuè de yí gè jùhuì。

Zhōu shīfu：Yàobù nǐ kànkan zhè jiàn yàngpǐn，wǒ kěyǐ ànzhào nǐ de chǐcùn gǎi yíxià，xià ge xīngqī jiù néng chuān。

Wáng Yún：Hǎo，wǒ xiān shìshi ba。

Zhōu shīfu：Chǐcùn wǒ dōu jìhǎo le，xiān fù dìngjīn 500 kuài，xià zhōu wǒ gǎihǎo chǐcùn nǐ zài lái shì yi shì。

Wáng Yún：Hǎo，kěyǐ yòng Zhīfùbǎo ma?

Zhōu shīfu：Zhīfùbǎo hé Wēixìn dōu kěyǐ。

三、对话生词

1. 中式	Zhōngshì	Chinese style
2. 旗袍	qípáo	cheongsam，a long formal dress with a slit skirt
3. 合身	héshēn	well-fitting (clothing)
4. 布料	bùliào	fabric

5. 有名	yǒumíng	famous
6. 过奖	guòjiǎng	to flatter, to praise too much
7. 款式	kuǎnshì	pattern, style, design
8. 短袖	duǎnxiù	short sleeved
9. 个子	gèzi	height
10. 该	gāi	should 该做什么,该选什么
11. 棉	mián	cotton
12. 丝绸	sīchóu	silk
13. 领子	lǐngzi	shirt collar
14. 开叉	kāichà	bifurcation
15. 立领	lìlǐng	stand collar
16. 恐怕	kǒngpà	I'm afraid, probably
17. 来得及	láidejí	have enough time, there's still time (to do sth.)
18. 来不及	láibují	not enough time, it's too late (to do sth.)
19. 即使	jíshǐ	even if, even though 即使……也……
20. 聚会	jùhuì	get-together; party
21. 要不	yàobù	otherwise, or else 要不……就……
22. 样品	yàngpǐn	sample
23. 按照	ànzhào	in accordance with, on the basis of

24. 尺寸	chǐcùn	measurement, size
25. 改	gǎi	to change, to revise 改尺寸，改错
26. 记	jì	to remember 记好了，记下来
27. 定金	dìngjīn	deposit
28. 支付宝	Zhīfùbǎo	Alipay

四、课文

来中国以后，我对旗袍很感兴趣，非常想定做一件合身的旗袍。我的一位中国朋友介绍我去周师傅的服装店。周师傅当了近四十年的裁缝了，专做中式衣服，特别是旗袍。他不仅会做旗袍，还会加入自己的想法，让每件旗袍都与众不同。周师傅做衣服还有一个特点——很花时间，一件旗袍至少得等两个星期。但客人们都愿意等，大家都说“慢工出细活”。他做的旗袍，布料好、设计新颖，穿在身上合身、漂亮，当然回头客也越来越多。

Lái Zhōngguó yǐhòu，wǒ duì qípáo hěn gǎn xìngqù，fēicháng xiǎng dìngzuò yí jiàn héshēn de qípáo。Wǒ de yí wèi Zhōngguó péngyou jièshào wǒ qù Zhōu shīfu de fúzhuāngdiàn。Zhōu shīfu dāngle jìn sìshí nián de cáifeng le，zhuān zuò Zhōngshì yīfu，tèbié shì qípáo。Tā bùjǐn huì zuò qípáo，hái huì jiārù zìjǐ de xiǎngfǎ，ràng měi jiàn qípáo dōu yǔzhòng-bùtóng。Zhōu shīfu zuò yīfu hái yǒu yí gè tèdiǎn — hěn huā shíjiān，yí jiàn qípáo zhìshǎo děi děng liǎng gè xīngqī。Dàn kèrénmen dōu yuànyì děng，dàjiā dōu shuō “màngōng chū xìhuó”。Tā zuò de qípáo，bùliào hǎo、shèjì xīnyǐng，chuān zài shēnshang héshēn、piàoliang，dāngrán huítóukè yě yuèláiyuè duō。

五、课文生词

1. 服装	fúzhuāng	clothes
2. 当	dāng	to be (something/somebody) 当医生，当老师，当裁缝
3. 近	jìn	near 近两年
4. 裁缝	cáifeng	tailor，dressmaker
5. 专	zhuān	special

6. 不仅	bùjǐn	not only 不仅……而且……
7. 想法	xiǎngfǎ	idea
8. 加入	jiārù	to join
9. 与众不同	yǔzhòng-bùtóng	unique
10. 特点	tèdiǎn	characteristic, distinguishing feature
11. 客人	kèrén	guest
12. 至少	zhìshǎo	at least
13. 愿意	yuànyì	to wish/be willing (to do sth.)
14. 慢工出细活	màngōng chū xìhuó	slow work fine work
15. 设计	shèjì	design; to design
16. 新颖	xīnyǐng	new and original
17. 回头客	huítóukè	repeat customer

六、语法解释

1. 对……来说，……

表示从某一个角度考虑。

"duì …… lái shuō" indicates the consideration from a certain perspective.

对王云来说，这件旗袍价格太高了。This cheongsam's price is too

high for Wang Yun.

对我来说,服装的设计非常重要。For me, the design of the clothes is very important.

2. 该……

表示需要这么做,和“应该”一样。

“Gāi ……” is the abbreviation of “yīnggāi” which means “should”.

裙子的布料我不知道该选什么好。I do not know what should to choose.

这件事是我们错了,我们该(应该)道歉。This is our fault, and we should apologize.

“该+某人+(动词)+了”格式只能用“该”表示轮到某人做某件事情。

Only “gāi” can be used in the structure “gāi+Sb.+(V.)+le”, meaning it is somebody's turn to do something.

该你表演了,别紧张。 It's your turn to perform, do not be nervous.

老师让学生一个接一个地读课文,现在该王云了。The teacher asked the students to read the text one by one, and now it's Wang Yun's turn.

3. 恐怕

副词“恐怕”,用来表示估计和担心会发生不太好的事情。

The adverb “kǒngpà” is used to indicate an estimation and anxiety. It means that some bad things will happen.

快8点半了，今天恐怕要迟到了。It's almost 8: 30. I am afraid I'll be late.

我没有好好准备，恐怕不能通过考试。I didn't prepare well so I'm afraid I can't pass the exam.

4. 来得及/来不及

表示因为时间短，能不能赶上。能赶上用“来得及”，不能赶上用“来不及”，可以单独使用，也可以后面带动词。

The two phrases indicate something can be done（láidejí） or cannot be done（láibují） due to the time limits. It can either be used independently or be followed by a verb.

A：我下个月就要穿，来得及吗？

B：那可来不及，即使现在开始做，也得要两个月。

A：I'm going to wear it next month，will it be too late?

B：That would be too late. Even if we start to make it right now，it will take two months.

今天来不及吃早饭了，我得早点儿去学校。I am too late to eat breakfast today. I have to go to school earlier.

5. 即使……也……

表示假设的让步关系，意思是如果前边的事情发生，后面的事情还是会发生。也可以表示已经发生的事情。“即使”可以用在主语前，也可以用在主语后。

"Jíshǐ …… yě……" indicates a hypothetical concession, which means even if something hypothetically takes place, the results won't change. "Jíshǐ" can be used either before or after the subject.

即使天下大雨,他也要出去。Even if it will rain heavily, he is still insisting to go out.

她丈夫最近很忙,即使周末,也要加班。Her husband has been very busy lately. He has to work even on weekends.

6. 按照

表示"根据"的意思。

"Ànzhào" means "according to".

我可以按照你的尺寸改一下,两个星期就能穿。I can modify it according to your size, and you can wear it in two weeks.

我已经按照老师的要求完成了作业。I have done my homework according to the teacher's request.

7. 不仅……还……

表示除了第一个分句说的意思以外,还有进一层的意思,常带有惊讶的语气。

"Bùjǐn …… hái ……"means there is further meaning in addition to what has been said in the first clause, often with a tone of surprise.

他不仅会做衣服,还常常根据不同的客人做不同风格的旗袍。He

not only make clothes, but also often do different styles of cheongsam according to the different guests.

她不仅会说汉语，还会说俄语。She can not only speaks Chinese but also Russian.

8. 至少

表示最少，最小限度。

"Zhìshǎo" means "at least".

参加这次会议的老师至少有一百人。There are at least 100 teachers attending this conference.

他帮了你那么多，你至少应该说声"谢谢"。He helped you so much that you should at least say "Thank you" to him.

9. 愿意

能愿动词"愿意"用在动词前面，用于表示某人主观意愿，准备好或者很高兴地做某事，不需要别人的劝说。

The auxiliary verb of "yuànyì" means willingness and cheerful compliance. It is used to indicate that someone is ready to act gladly or voluntarily and does not need to be persuaded.

你愿意来我们学校学习汉语吗？Would you like to come to our school to learn Chinese?

我愿意把这本书送给你。I would like to give you this book.

七、语法练习

1. 选关联词填空

不仅……还……	即使……也……	虽然……但是……
别说……就是……	要是……就……	

(1)（　　）他没车没房，我（　　）要跟他结婚。

(2) 王云（　　）会打太极拳，（　　）会中国书法。

(3) 你（　　）急着穿，我（　　）马上给你做。

(4)（　　）是经理，（　　）老板去也帮不了你。

(5)（　　）他很年轻，（　　）他做过很多工作。

2. 用括号里的词语完成句子

(1) 这件衣服有点儿大，请你____________________________（按照）。

(2) 我的腰太粗了，____________________________（至少）。

(3) 我更喜欢找师傅做衣服，____________________________（与众不同）。

(4) 别总是在家玩游戏，____________________________（该）。

(5) ____________________________（恐怕），我的朋友下周来上海出差。

(6) 甲：你觉得买衣服什么最重要？

乙：____________________________（对……来说）。

3. 用"来得及/来不及"说说下面的四个情景，然后连成一个关于陈先生的小故事

情景 1：陈先生起晚了，他没有刷牙、洗脸就急着去机场。

情景 2：到机场，发现飞机晚点了。他有时间在机场吃早饭。

情景 3：突然机场广播说飞机马上就要起飞了，他没有吃完就上机了。

八、听力练习：听后填表

服装定制单

	款式	□中式　□西式	衣长：________
	布料	□棉　□麻　□丝绸	________：104
	颜色	□红　□白　□黄	________：88
	袖长	□短　□长 □三分　□五分　□七分	袖长：________
	裙子款式	□短　□长	
试衣日期			

九、完成对话

A：您好，我想做一套西服。

B：您请坐，您先看一下我们的介绍。________________(还是)？

A：正式的。

B：这件款式怎么样？________________

（不仅……而且……）。

A：好，________________？

B：看您想用进口的布料还是国产，______________________________

（建议）。

A：____

（对……来说）。

B：您放心，我们这里的师傅都是很有经验的。

A：行，就用这种布料，您先帮我量尺寸吧。大概需要多长时间？

B：_______________________（至少）。等做好了，我给您打电话，先来

试试。

A：Nín hǎo，wǒ xiǎng zuò yí tào xīfú。

B：Nín qǐng zuò，nín xiān kàn yíxià wǒmen de jièshào。_____________

__________________________（háishì）？

A：Zhèngshì de。

B：Zhè jiàn kuǎnshì zěnmeyàng？______________________________

（bùjǐn ...... érqiě ......）。

A：Hǎo，_______________？

B：Kàn nín xiǎng yòng jìnkǒu de bùliào háishì guóchǎn，____________

（jiànyì）。

A：___________________________________（duì ...... lái shuō）。

B：Nín fàngxīn，wǒmen zhèlǐ de shīfu dōu shì hěn yǒu jīngyàn de。

A：Xíng，jiù yòng zhè zhǒng bùliào，nín xiān bāng wǒ liáng chǐcùn ba。

Dàgài xūyào duō cháng shíjiān?

B：____________(zhìshǎo)。Děng zuòhǎo le，wǒ gěi nín dǎ diànhuà，xiān lái shìshi。

十、同伴练习

A.

	做什么	颜　色	布　料	款　式
王云	旗袍	红色	丝绸	长款
李丽				
李天	西服	黑色	棉	正式
玛丽				

(B同学看课末十、B)

十一、阅读理解

王云接到了朋友丽娜的电话，他们好多年没见面了。丽娜要结婚了，她邀请王云参加她的婚礼。王云是第一次参加中式婚礼，所以想做一件旗袍。她听说上海有一家很有名的旗袍店，下课以后就去了。旗袍店的老板很热情，问王云喜欢什么款式的旗袍，还向她推荐旗袍的布料、领子和颜色。但是师傅说做一件旗袍至少得两个月，一定来不及参加婚礼。王云的同学告诉她，如果急的话也可以在网上买旗袍，不仅样子多，价格还便宜。

王云按照朋友教她的方法，在淘宝上选了一家店，她看上一件短款的旗袍，尺寸也合适，才三百多块钱。两天后王云收到旗袍试了试，还挺合身的。丽娜婚礼那天，王云穿着这件旗袍参加婚礼，大家都说很不错。

Wáng Yún jiēdàole péngyou Lìnà de diànhuà，tāmen hǎo duō nián méi jiàn miàn le。Lìnà yào jié hūn le，tā yāoqǐng Wáng Yún cānjiā tā de hūnlǐ。Wáng Yún shì dì-yī cì cānjiā Zhōngshì hūnlǐ，suǒyǐ xiǎng zuò yí jiàn qípáo。Tā tīngshuō Shànghǎi yǒu yì jiā hěn yǒumíng de qípáodiàn，xià kè yǐhòu jiù qù le。Qípáodiàn de lǎobǎn hěn rèqíng，wèn Wáng Yún xǐhuan shénme kuǎnshì de qípáo，hái xiàng tā tuījiàn qípáo de bùliào、lǐngzi hé yánsè。Dànshì shīfu shuō zuò yí jiàn qípáo zhìshǎo děi liǎng gè yuè，yídìng láibují cānjiā hūnlǐ。Wáng Yún de tóngxué gàosu tā，rúguǒ jí de huà yě kěyǐ zài wǎngshang mǎi qípáo，bùjǐn yàngzi duō，jiàgé hái piányi。Wáng Yún ànzhào péngyou jiāo tā de fāngfǎ，zài Táobǎo shàng xuǎnle yì jiā diàn，tā kànshàng yí jiàn duǎnkuǎn de qípáo，chǐcùn yě héshì，cái sānbǎi duō kuài qián。Liǎng tiān hòu Wáng Yún shōudào qípáo shìle shì，hái tǐng héshēn de。Lìnà hūnlǐ nà tiān，Wáng Yún chuānzhe zhè jiàn qípáo cānjiā hūnlǐ，dàjiā dōu shuō hěn búcuò。

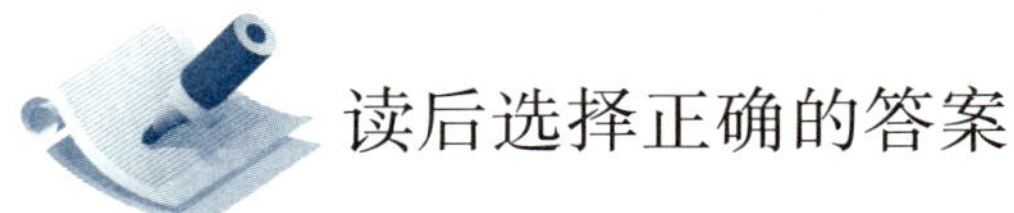

读后选择正确的答案

（1）王云为什么想做旗袍？（　　）

A. 跟丽娜见面

B. 参加朋友婚礼

C. 结婚

D. 邀请朋友来她家

（2）旗袍店的老板没有给王云推荐什么？（　　）

A. 旗袍的料子　　B. 旗袍的领子

C. 旗袍的颜色　　D. 旗袍的品牌

（3）王云为什么没做旗袍？（　　）

A. 价格太贵了　　B. 样子不好看

C. 时间太长了　　D. 尺寸不合适

（4）关于王云在网上买的旗袍，下面哪个是正确的？（　　）

A. 丽娜教她怎么在网上找旗袍。

B. 王云下次不打算在网上买东西了。

C. 这件旗袍虽然合身，但样子不好。

D. 王云的这件旗袍又便宜又漂亮。

十二、作文

请把课文的对话改成一个故事，开头已经写好了：

王云下个月要参加一个聚会，所以她去周师傅裁缝店做旗袍……

语言点：对……来说，……，来不及，即使……也……，

不仅……还……，至少，按照

字数：200～300 字

提示问题

（1）王云是怎么知道周师傅的旗袍店的？旗袍店怎么样？

____

（2）王云做什么样子的旗袍？

____

（3）周师傅建议她用什么布料？

____

（4）王云对领子和开叉有什么要求？

____

（5）王云什么时候穿？来得及吗？

____

（6）最后王云订了什么旗袍？

____

100字

200字

300字

十、B.

	做什么	颜　色	布　料	款　式
王云				
李丽	裙子	白色	má 麻（hemp）	无袖短款
李天				
玛丽	裤子	淡蓝色	ní lóng 尼　龙（nylon）	休闲、宽松

第二十三课　她穿着一件黑色毛衣

本课目标

1. 能描述一个人的穿着 ☐

2. 能介绍认错人的经历并解释原因 ☐

主要语言点

1. 以为	☐	3. 差点儿	☐
2. 怪不得	☐	4. 刚刚	☐

一、热身练习：看图回答问题

图 1　　　　图 2

（1）图 1 中的两个人发生了什么事情？为什么？

（2）图 2 中的两个人是什么关系？他们说了什么？

二、对话

（王云参加了一个在上海举办的校友会，因为她想再提高一下自己的汉语水平，所以朋友给她介绍了一位汉语老师。）

兰娜：你好，请问是王云吗？

王云：是的，你好，你是……

兰娜：我叫兰娜，是汉语老师。

王云：啊，你好，兰老师。我刚才认错人了，还以为那个人是你呢。

兰娜：是吗？我们俩很像吗？

王云：嘿嘿，我今天忘了戴眼镜。而且她也留着长发，穿着一件黑色毛衣，也戴着一副眼镜。你们俩身高也差不多，不过好像她比你稍微胖一点儿。

兰娜：哦？那么巧。她在哪儿呢？我也很好奇。

王云：我看看啊，哎，那儿！看到没有？她正跟那位先生说着话呢。

兰娜：我看到了，是左边的那个吗？手里好像还拿着一本书。

王云：是的，就是那个人。

兰娜：是有点儿像，怪不得你会认错人。

王云：也是因为我眼睛不太好，上次还差点儿上错公交车呢。

（Wáng Yún cānjiāle yí gè zài Shànghǎi jǔbàn de xiàoyǒuhuì，yīnwèi tā xiǎng zài tígāo yíxià zìjǐ de Hànyǔ shuǐpíng，suǒyǐ péngyou gěi tā jièshàole yí wèi Hànyǔ lǎoshī。）

Lán Nà：Nǐ hǎo，qǐng wèn shì Wáng Yún ma？

Wáng Yún：Shì de，nǐ hǎo，nǐ shì ……

Lán Nà：Wǒ jiào Lán Nà，shì Hànyǔ lǎoshī。

Wáng Yún：À，nǐ hǎo，Lán lǎoshī。Wǒ gāngcái rèncuò rén le，hái yǐwéi nàge rén shì nǐ ne。

Lán Nà：Shì ma？Wǒmen liǎ hěn xiàng ma？

Wáng Yún：Hēihei，wǒ jīntiān wàngle dài yǎnjìng。Érqiě tā yě liúzhe chángfà，chuānzhe yí jiàn hēisè máoyī，yě dàizhe yí fù yǎnjìng。Nǐmen liǎ shēngāo yě chàbuduō，búguò hǎoxiàng tā bǐ nǐ shāowēi pàng yìdiǎnr。

Lán Nà：Ó？Nàme qiǎo。Tā zài nǎr ne？Wǒ yě hěn hàoqí。

Wáng Yún：Wǒ kànkan a，āi，nàr！Kàndào méiyǒu？Tā zhèng gēn nà wèi xiānsheng shuōzhe huà ne。

Lán Nà：Wǒ kàndào le，shì zuǒbian de nàge ma？Shǒu li hǎoxiàng hái názhe yì běn shū。

Wáng Yún：Shì de，jiùshì nàge rén。

Lán Nà：Shì yǒudiǎnr xiàng，guàibude nǐ huì rèncuò rén。

Wáng Yún：Yě yīnwèi wǒ yǎnjing bú tài hǎo，shàngcì hái chàdiǎnr shàng cuò gōngjiāochē ne 。

问题

（1）王云为什么会认错人？

（2）王云的汉语水平怎么样？你怎么知道？

三、对话生词

1. 认错	rèncuò	mistake … for … 认错人
2. 以为	yǐwéi	to think, to believe
3. 俩	liǎ	(a numeral-measure word) two, both 我们俩，我俩，你们俩
4. 像	xiàng	(look) like, similar (to) 长得很像，像妈妈
5. 忘	wàng	to forget 忘了，忘了带书
6. 戴	dài	to wear (accessories: watch, glasses …) 戴眼镜，戴手表
7. 眼镜	yǎnjìng	glasses 一副眼镜，戴着一副眼镜
8. 留	liú	to retain, to keep, to preserve 留长发
9. 着	zhe	(durative aspect particle, see Grammar notes 1) 穿着，戴着眼镜，拿着书
10. 长发	chángfà	long hair
11. 毛衣	máoyī	sweater
12. 副	fù	(measure word for a pair) 一副眼镜，一副手套
13. 身高	shēngāo	height

14. 稍微	shāowēi	a little bit 稍微等一会儿，稍微长一点儿
15. 胖	pàng	fat
16. 巧	qiǎo	coincidental
17. 好奇	hàoqí	curious; curiosity
18. 说话	shuōhuà	to talk 跟朋友说话
19. 怪不得	guàibude	no wonder, so that's why 怪不得感冒了，怪不得迟到了

四、课文

今天我们办公室来了一位新同事，是个年轻的小伙子，刚刚大学毕业。他个子很高，差不多一米八几，只是有点儿瘦。他穿着白色衬衫、黑色西裤，显得很干净，也很精神。小伙子眼睛大大的，戴着一副眼镜，皮肤晒得有点儿黑，平时应该很喜欢运动。他见人就笑眯眯的，大家都很喜欢他。

Jīntiān wǒmen bàngōngshì láile yí wèi xīn tóngshì, shì gè niánqīng de xiǎohuǒzi, gānggāng dàxué bìyè。Tā gèzi hěn gāo, chàbuduō yī mǐ bā jǐ, zhǐshì yǒudiǎnr shòu。Tā chuānzhe báisè chènshān、hēisè xīkù, xiǎnde hěn gānjìng, yě hěn jīngshen。Xiǎohuǒzi yǎnjing dàdà de, dàizhe yí fù yǎnjìng, pífū shài de yǒudiǎnr hēi, píngshí yīnggāi hěn xǐhuan yùndòng。Tā jiàn rén jiù xiàomīmī de, dàjiā dōu hěn xǐhuan tā。

五、课文生词

1. 同事	tóngshì	colleague
2. 小伙子	xiǎohuǒzi	young man
3. 刚刚	gānggāng	just recently 刚刚认识,刚刚来
4. 毕业	bìyè	to graduate 大学毕业,没有毕业
5. 瘦	shòu	thin, skinny 有点儿瘦,瘦一点儿
6. 衬衫	chènshān	shirt 一件衬衫,穿着一件衬衫
7. 西裤	xīkù	suit pants 一条西裤,穿着一条西裤
8. 显得	xiǎnde	to look, to seem, to appear 这件衣服显得她很年轻
9. 精神	jīngshen	spirit, vigorous 特别精神,没有精神

10. 眼睛	yǎnjing	eyes
11. 晒	shài	(sun) to shine upon, to dry in the sun 晒太阳,晒衣服,晒黑了
12. 笑眯眯	xiàomīmī	smilingly, deaming

六、语法解释

1. 以为

"以为",动词,对人或者事情作出判断。这种判断往往不符合事实,常用另外一个小句来说明真实情况。

The verb "yǐwéi" is used to make judgments about someone or something. The conclusion after "yǐwéi" is often not true, so there is usually another clause to tell the truth.

我以为你是韩国人,现在才知道你是中国人。I think you are Korean, and now I know you are Chinese.

2. 怪不得

"怪不得"是个习语。表示以前觉得很奇怪的事情,现在明白了原因,不觉得奇怪了。

The idiom "guàibude" means "no wonder". It indicates someone suddenly knows the reason.

他生病了,怪不得今天没有来上课。He was ill, and no wonder he didn't come to class today.

天气预报说今天有雨,怪不得这么热。The weather forecast says it's raining today. No wonder it's so hot.

3. 差(一)点儿 & 差(一)点儿没

(1) a. "差(一)点儿+好事(希望发生的事情)"表示没有实现,但是只是相差一点点。

"Chà(yì)diǎnr + an expected result" indicates that it was not realized, but close to it.

我们差(一)点儿就赢(yíng, to win)了比赛。(我们没赢。We didn't win the match, but is close to it.) We almost won the match, but we lost.

b. "差(一)点儿没+好事(希望发生的事情)"表示实现了。

"Chà(yì)diǎnr méi + an expected result" indicates that it was realized.

我差(一)点儿没找到工作。(我找到工作了。)I've got the job, but it's difficult to find a job. (It almost failed.)

(2) "差(一)点儿+不好的事(不希望发生的事情)"和"差(一)点儿没+不好的事(不希望发生的事情)"都表示没有实现,但是只是相差一点点。

"差(一)点儿没+不好的事(不希望发生的事情)"表示强烈的语气,表示自己非常幸运。因为用了"没",所以句尾没有"了"。

"Chà(yì)diǎnr + something bad (what is not hoped to take place)" and "chà(yì)diǎnr méi+something bad (what is not hoped to take place)", both indicate that it was not realized, but close to it.

"Chà(yì)diǎnr méi+something bad (what is not hoped to take

place)" carries a strong tone, indicating that someone is very lucky. Also note that because "méi" is used here, "le" cannot be used at the end of the sentence.

我差(一)点儿就迟到了。I'm not late, but is closed to it.

我差(一)点儿没迟到。I'm not late, but is closed to it.

4. 刚刚

"刚刚",副词,表示动作或者状态发生在不久以前,用在动词或者形容词前面。

The adverb "gānggāng" indicates time, means "just now, recently", is used before verbs or adjectives. It precedes a verb or an adjective to refer to a point in time shortly before speaking.

我刚刚去书店了。I just went to the bookstore.

我刚刚到教室。I arrived the classroom just now.

七、语法练习

1. 用"V.+着+O."说一说下面的图片

2. 使用指定词语完成对话

(1) A:你说什么? 我不会说韩语,我是中国人。

B:________________________________(以为)。

(2) A:你今天怎么迟到了?

B:今天下雨,________________________(差点儿)。

(3) A:李丽在宿舍吗?

B:不在,____________________________(刚刚)。

(4) A:他这次考试又得了全班第一名。

B:________________________________(怪不得)。

3. 选择

(1) 听说他感冒很严重,(　　)今天没来上课。

A. 因为　　B. 差点儿

C. 怪不得　　D. 看得出来

(2) 我们学校 8: 30 上课,我今天 8: 28 才到教室,(　　)就迟到了。

A. 差点儿　　B. 怪不得

C. 既然　　D. 刚刚

(3) 不好意思,我(　　)去了一趟银行,让你久等了。

A. 就　　B. 刚刚　　C. 差点儿　　D. 才

(4) 这些苹果大概五六斤,要二十(　　)块钱。

A. 几　　B. 左右　　C. 前后　　D. 多少

(5) 那个手里拿(　　)书的就是王老师。

A. 得　　B. 过　　C. 的　　D. 着

八、听说练习：听后回答问题

（1）发生了什么事情？

____

（2）她妈妈长什么样？

____

（3）她妈妈今天出门的时候穿着什么？

____

（4）她妈妈最近有什么特别的事情吗？

____

九、完成对话

王云：李丽，我上周见到苏珊了，她来上海出差。

李丽：真的？我记得中学的时候__________（留着），常常______________（V.着），像个男生。现在怎么样？

王云：她现在可漂亮了，____________（留着），也长高了，__________（儿），我______________（差点儿）。她______________（刚刚），新老板让她来上海出差。

李丽：真没想到，如果能见个面就好了。

王云：明天__________________________（就），我问问她有没有时间，咱们一起吃饭吧。

Wáng Yún：Lǐ Lì，wǒ shàngzhōu jiàndào Sū Shān le，tā lái Shànghǎi chū chāi。

Lǐ Lì：Zhēn de？Wǒ jìde zhōngxué de shíhou ____________（liúzhe），chángcháng ____________（V. zhe），xiàng gè nánshēng。Xiànzài zěnmeyàng？

Wáng Yún：Tā xiànzài kě piàoliang le，____________（liúzhe），yě zhǎnggāo le，________（jǐ），wǒ ____________（chàdiǎnr）。Tā ____________（gānggāng），xīn lǎobǎn ràng tā lái Shànghǎi chūchāi。

Lǐ Lì：Zhēn méi xiǎngdào，rúguǒ néng jiàn gè miàn jiù hǎo le。

Wáng Yún：Míngtiān ________________________（jiù），wǒ wènwen tā yǒu méiyǒu shíjiān，zánmen yìqǐ chī fàn ba。

十、同伴练习

A.

	多　高	什么发型	穿着什么衣服	戴着什么	拿着什么
马克	一米八几		黑色毛衣		一瓶矿泉水
李天		黑色短发		一副眼镜	
王美		棕色长发		一只运动手表	
山本	一米六几		米色裤子		一把灰色雨伞

（B同学看课末十、B）

十一、阅读理解

昨天我朋友的同事给我打电话，说我朋友让他帮忙给我送点儿东西。我们打电话说好今天上午 10 点在中山公园地铁站见面。我们都会穿黑色大衣。今天上午我在地铁站等了很长时间，可是没有看到他。后来我看到一个人也在等人，他也穿着黑色大衣。我以为是我朋友的同事，过去跟他说话，可那个人说我认错人了，他不是。这个时候我朋友的同事给我打电话，问我来了没有。原来他就在不远的地方，但是因为他喝咖啡的时候不小心洒(sǎ，to sprinkle)到身上，只好脱(tuō，to take off)了大衣。怪不得我找不到他呢。

Zuótiān wǒ péngyou de tóngshì gěi wǒ dǎ diànhuà，shuō wǒ péngyou ràng tā bāngmáng gěi wǒ sòng diǎnr dōngxi。Wǒmen dǎ diànhuà shuō hǎo jīntiān shàngwǔ 10 diǎn zài Zhōngshān Gōngyuán dìtiězhàn jiàn miàn。Wǒmen dōu huì chuān hēisè dàyī。Jīntiān shàngwǔ wǒ zài dìtiězhàn děngle hěn cháng shíjiān，kěshì méiyǒu kàndào tā。Hòulái wǒ kàndào yí gè rén yě zài děng rén，tā yě chuānzhe hēisè dàyī。Wǒ yǐwéi shì wǒ péngyou de tóngshì，guòqù gēn tā shuōhuà，kě nàge rén shuō wǒ rèncuò rén le，tā bú shì。Zhège shíhou wǒ péngyou de tóngshì gěi wǒ dǎ diànhuà，wèn wǒ láile méiyǒu。Yuánlái tā jiù zài bù yuǎn de dìfang，dànshì yīnwéi tā hē kāfēi de shíhou bù xiǎoxīn sǎdào shēn shàng，zhǐhǎo tuōle dàyī。Guàibude wǒ zhǎo bu dào tā ne。

读后回答问题

（1）“我们”为什么要见面？

____

（2）“我们”说好怎么见面？

____

（3）“我”第一次为什么会认错人？

____

（4）“我”朋友的同事来了吗？“我”为什么没有找到他？

____

十二、作文

题目：一次认错人的经历

语言点：刚刚，以为，差点儿，V.着，显得

字数：300～350 字

提示问题

（1）这是什么时候、在哪儿发生的事情？

____

（2）你们为什么要见面？

____

（3）你为什么会认错人？

____

（4）认错人后又发生了什么？

____

（5）最后怎么了？

____

100字

200字

300字

十、B.

	多　高	什么发型	穿着什么衣服	戴着什么	拿着什么
马克		金色短发		一顶帽子	
李天	一米九几		蓝色衬衣		一本中级汉语书
五美	一米七几		黄色外套		一个小米手机
山本		黑色长发		一条围巾	

第二十四课　这个发型很适合你的脸型

本课目标

1. 能听懂和使用理发的用语 ☐
2. 能对怎么理(发)提出要求 ☐

主要语言点

1. 既然……就	☐	5. 受不了、受得了	☐
2. 否则	☐	6. 闭上	☐
3. 疑问代词表示任指	☐	7. 当……的时候	☐
4. 千万	☐	8. 连……都	☐

一、热身练习：看图回答问题

平头　　飞机头　　背头　　长卷发　　波浪短发　　披肩直发

（1）看一看这些都是什么发型，并把图片和名字连在一起。

（2）你喜欢哪种发型？为什么？

（3）你在中国理过发吗？

二、对话

理发师：您好，您剪发还是烫发？

王　云：先剪一点儿，再烫吧。多少钱？

理发师：普通理发师剪发98，高级理发师128。烫发要看您选的药水，最便宜的368。

王　云：那帮我找一位高级理发师吧。

理发师：行，您先洗头吧。

王　云：我想干洗。

理发师：可以，请坐，您可以顺便选选发型。您看看这个卷发怎么样？这是今年最流行的，也很适合您的脸型。

王　　云：会不会很难打理呀？我每天早上可没时间做发型。

理发师：不会的，下面可以留长点儿，早上梳几下就可以了。既然烫了我就建议您染一下，否则显得有点老气。

王　　云：我不喜欢这个颜色，太亮了。

理发师：没关系，你喜欢什么颜色就染什么颜色。

王　　云：前边千万不要剪得太短。修一修就行。

理发师：好。

……

理发师：您看看满意吗？

王　　云：好多了，谢谢你，下次来我还找你。

理发师：不客气，请您在前台结账。

Lǐfàshī：Nín hǎo，nín jiǎn fà háishi tàng fà？

Wáng Yún：Xiān jiǎn yìdiǎnr，zài tàng ba。Duōshao qián？

Lǐfàshī：Pǔtōng lǐfàshī jiǎn fà 98，gāojí lǐfàshī 128。Tàng fà yào kàn nín xuǎn de yàoshuǐ，zuì piányi de 368。

Wáng Yún：Nà bāng wǒ zhǎo yí wèi gāojí lǐfàshī ba。

Lǐfàshī：Xíng，nín xiān xǐ tóu ba。

Wáng Yún：Wǒ xiǎng gānxǐ。

Lǐfàshī：Kěyǐ，qǐng zuò，nín kěyǐ shùnbiàn xuǎnxuan fàxíng。Nín kànkan zhè ge juǎnfà zěnmeyàng？Zhè shì jīnnián zuì liúxíng de，yě hěn shìhé nín de liǎnxíng。

Wáng Yún：Huì bu huì hěn nán dǎlǐ ya？Wǒ měi tiān zǎoshang kě méi shíjiān zuò fàxíng。

Lǐfàshī：Bú huì de，xiàmiàn kěyǐ liú cháng diǎnr，zǎoshang shū jǐ xià jiù kěyǐ le。Jìrán tàngle wǒ jiù jiànyì nín rǎn yíxià，fǒuzé xiǎnde yǒudiǎn lǎoqì。

Wáng Yún：Wǒ bù xǐhuan zhège yánsè，tài liàng le。

Lǐfàshī：Méi guānxi，nǐ xǐhuan shénme yánsè jiù rǎn shénme yánsè。

Wáng Yún：Qiánbian qiānwàn búyào jiǎn de tài duǎn。Xiū yi xiū jiù xíng。

Lǐfàshī：Hǎo。

……

Lǐfàshī：Nín kànkan mǎnyì ma？

Wáng Yún：Hǎo duō le，xièxie nǐ，xià cì lái wǒ hái zhǎo nǐ。

Lǐfàshī：Bú kèqi，qǐng nín zài qiántái jiézhàng。

三、对话生词

1. 发型	fàxíng	hairstyle
2. 脸型	liǎnxíng	facial type
3. 剪	jiǎn	haircut
4. 烫	tàng	perm
5. 普通	pǔtōng	ordinary
6. 理发师	lǐfàshī	barber
7. 药水	yàoshuǐ	(here means perm liquid)
8. 帮	bāng	to help 帮忙，帮我一下
9. 洗	xǐ	to wash 洗头，洗手，洗衣服
10. 干洗	gānxǐ	dry cleaning
11. 卷	juǎn	curly
12. 流行	liúxíng	popular
13. 难	nán	difficult
14. 打理	dǎlǐ	to care
15. 梳	shū	to comb
16. 既然	jìrán	since, as, now that
17. 染	rǎn	to dye
18. 否则	fǒuzé	otherwise, if not, or else
19. 老气	lǎoqì	look older than one's age

20. 颜色	yánsè	color
21. 千万	qiānwàn	to be sure to, must
22. 修	xiū	to repair, to mend, to build, to trim 修理,修头发,修一修
23. 前台	qiántái	front desk
24. 结账	jiézhàng	to pay the bill

四、课文

上周末我去学校旁边的理发店剪头发,刚进门,一位帅哥就热情地跟我打招呼。我告诉他,稍微剪短一点儿就行。刚坐下他就说我发质很干,建议我做个护理,我说"不用"。他又说我的发型太老气,建议我烫成卷的,我说"不用"。过了一会儿他又建议我染成灰色,我摇摇头。他又说现在理发店有活动,让我办会员卡,可以打折。我受不了了,就闭上眼睛不再理他。坐着坐着,我睡着了。当我睁开眼的时候,看到镜子里的自己,天哪,怎么剪得这么短?连前边的刘海都没有了。

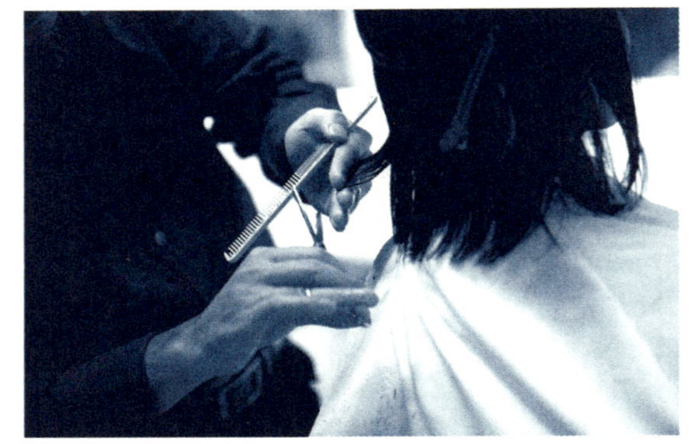

Shàng zhōumò wǒ qù xuéxiào pángbiān de lǐfàdiàn jiǎn tóufa，gāng jìn mén，yí wèi shuàigē jiù rèqíng de gēn wǒ dǎ zhāohu。Wǒ gàosu tā，shāowēi jiǎn duǎn yìdiǎnr jiù xíng。Gāng zuò xià tā jiù shuō wǒ fàzhì hěn gān，jiànyì wǒ zuò gè hùlǐ，wǒ shuō “búyòng”。Tā yòu shuō wǒ de fàxíng tài lǎoqì，jiànyì wǒ tàngchéng juǎn de，wǒ shuō “búyòng”。Guòle yíhuìr tā yòu jiànyì wǒ rǎnchéng huīsè，wǒ yáoyao tóu。Tā yòu shuō xiànzài lǐfàdiàn yǒu huódòng，ràng wǒ bàn huìyuánkǎ，kěyǐ dǎzhé。Wǒ shòubuliǎo le，jiù bìshang yǎnjing bú zài lǐ tā。Zuòzhe zuòzhe，wǒ shuìzháo le。Dāng wǒ zhēngkāi yǎn de shíhou，kàndào jìngzi lǐ de zìjǐ，tiān na，zěnme jiǎn de zhème duǎn? Lián qiánbian de liúhǎi dōu méiyǒu le。

五、课文生词

1. 头发	tóufa	hair (on human head)
2. 帅哥	shuàigē	handsome guy
3. 热情	rèqíng	enthusiastic；enthusiasm
4. 打招呼	dǎ zhāohu	to greet
5. 告诉	gàosu	to tell
6. 发质	fàzhì	hair quality
7. 干	gān	dry

8. 护理	hùlǐ	(hair, mouth, skin) care
9. 灰色	huīsè	grey
10. 摇	yáo	to shake, to rock 摇头，摇一摇
11. 活动	huódòng	activity
12. 受不了	shòubuliǎo	cannot stand, cannot bear
13. 闭	bì	to close 闭眼睛，闭上
14. 理	lǐ	to pay attention to, to show interest in 不理他
15. 当	dāng	when (point in time) 当……的时候
16. 镜子	jìngzi	mirror
17. 天哪	tiān na	God
18. 连	lián	even 连……都……
19. 刘海	liúhǎi	fringe

六、语法解释

1. 既然……就……

这一结构用来表示根据前面的事实给出建议或推论。

"Jìrán ...... jiù ......" is used to offer a suggestion or inference deduced from the fact.

既然烫了我就建议您染一下。Since your hair was permed, I suggest you dye it.

既然你不能参加会议，那我们就重新安排时间。Since you can not attend the meeting, we reschedule the time.

2. 否则

表示"如果不是这样"的意思，后边常常是从前边的句子推论出的结果，或者是另一种选择。只能放在主语前面。

"Fǒuzé" means "otherwise", which follows the result or alternative choice inferred from the previous clause. It can only precede the subject.

快点起床吧，否则上课要迟到了。Hurry to get up, otherwise you will be late for class.

学习语言要注意方法，否则做再多的题也没有用。You should pay attention to the methods when learning the language, otherwise you won't improve even if you do more exercise.

3. 疑问代词表示任指

疑问代词"什么、谁、哪儿、哪、怎么"等可以表示任指，比如"什么"指任何一个东西，"谁"指任何一个人，后面常常跟"都、也"连用。

The interrogative pronouns "shénme、shuí、nǎr、nǎ、zěnme", etc., can be used to refer to anybody or anything. For instance, "shénme" refer to anything, and "shuí" refers to anybody. They are often used together with "dōu/yě" in a sentence.

你喜欢什么颜色就染什么颜色。You can dye any color you like.

无论谁说,结果都一样。No matter who comes to persuade, the result will be the same.

写完作业以前,你哪儿都别想去。Do not intend to go anywhere before you finish the homework.

4. 千万

表示"一定"的意思,带有特别强调地建议别人的语气。后边常常用否定形式。

"Qiānwàn" means "must" with a tone of an admonotion, usually followed by a negation.

前边千万不要剪得太短。修一修就行。Do not cut the front too short. Just give a trim.

我给你买新玩具的事情,千万不要告诉你妈妈。Do not tell your mother that I bought you a new toy.

这件事你千万要保密。Do keep the thing a secret.

5. 受不了/受得了

"受"本义是接受,这里引申为"忍受"。"不了/得了"表示能不能做某事,往往不是自己的原因,而是外在的原因。能忍受用"受得了",不能忍受用"受不了",可以单用,后面也可以跟人或行为。

"Shòu" literally means "to accept", here extents to the meaning of "endure". "Buliǎo/deliǎo" refers to whether you are able to do something usually due to some external factor. "Shòudeliǎo" means "can bear", "shòubuliǎo" means "cannot bear", and they can be used solely or followed by a person or a behaviour.

别老抽烟，我受不了了。Don't always smoke. I cannot stand.

你天天看手机，眼睛受得了吗？You look at the cellphone every day. Can your eyes stand it?

我真受不了你，一个月都穿这一件衣服？I can not bear you. How come you wear the same clothes for a month?

6. 动词＋上

（1）"上"在这里表示两个部分合在一起，像"闭上/合上/关上"等都表示"关"的意思。

"Shàng" here is used after the verb, pronouced neutral, to indicate two parts attached closely. Like "bìshang/héshang/guānshang", etc. They all have the meaning of "to close".

你应该闭上眼睛休息一下了。You should close your eyes and take a rest.

请关上门，外面太冷了。Please close the door. It is too cold outside.

请大家把书合上，我们开始考试。Please close the books, and we will start the test.

（2）"穿上/戴上/写上"等里面的"上"表示一个东西加在另一个东西上，比如"穿上"就是把衣服穿在身上。

"Shàng" in "chuānshang/dàishang/xiěshang" etc., means add something onto another. Like "chuānshang", it refers to put the clothes on the body.

今天很冷,你要穿上大衣,戴上帽子。It's cold today, you should put on your overcoat and wear your hat.

请在这儿写上你的名字。Please write your name on here.

(3)"考上/赶上/当上"等意思是通过努力达到了目的。"Kǎoshang/gǎnshang/dāngshang" etc., means to reach a goal or sucessfully do something by efforts.

我终于考上了大学。I finally admitted to college.

开车前五分钟我赶上了火车。I caught up the train just five minutes before it started off.

7. 当……的时候

表示事情发生的时间,"当"常常用在主语前。

"Dāng …… shíhou" indicates the time of one thing happened, "dāng" often used in front of the subject.

当我三十岁的时候,我还不知道自己要干什么。When I was thirty years old, I still don't know what I want to do.

当我进教室的时候,老师已经开始上课了。When I entered the classroom, the teacher had already started the class.

8. 连……都/也……

这一结构是用一个特别的例子来强调一种情况。

"Lián …… dōu/yě ……" indicates the speaker explains a situation by emphasizing a special case.

这本书真便宜，连 10 块钱都不到。This book is so cheap that it even costs less than ten yuan.

你汉语太棒了，连上海话都听得懂。Your Chinese is superb, since you even understand Shanghai dialect.

这个小孩太调皮了，连一秒钟也坐不住。This kid is so boisterious that he cannot even sit quietly for one second.

七、语法练习

1. 选词填空

刚　　刚才

(1) 我(　　)给老师发了一个消息。

(2) 你昨天(　　)到，应该先休息休息。

(3) 我(　　)剪了头发一个星期，看着还不太习惯。

(4) (　　)我出去的时候，有没有人来找我？

(5) 十年前我(　　)来中国的时候，一个中国人也不认识。

什么　　哪儿　　谁　　怎么　　哪

(1) 他第一次来中国，(　　)都想去看看。

(2) 这么大的声音(　　)都受不了。

(3) 他在家里(　　)都不做。

（4）这家店的旗袍都不贵，（　　）件都好看。

（5）去外滩很方便，（　　）去都行，地铁、公交、出租车都可以。

2. 完成句子

连……都/也……

（1）今天我太累了，＿＿＿＿＿＿＿＿＿＿＿＿＿＿＿＿。

（2）我不认识他，＿＿＿＿＿＿＿＿＿＿＿＿＿＿＿＿。

（3）这家理发店特别有名，＿＿＿＿＿＿＿＿＿＿＿＿＿＿＿＿。

当……的时候

（1）＿＿＿＿＿＿＿＿＿＿＿＿＿＿＿＿，老师刚离开办公室。

（2）＿＿＿＿＿＿＿＿＿＿＿＿＿＿＿＿，中国人都会回家过年。

（3）＿＿＿＿＿＿＿＿＿＿＿＿＿＿＿＿，就知道做父母的辛苦了。

既然……就……

（1）既然杯子已经破了，＿＿＿＿＿＿＿＿＿＿＿＿＿＿＿＿。

（2）＿＿＿＿＿＿＿＿＿＿＿＿＿＿＿＿，就一定会把这件事做好。

（3）既然你不喜欢染发，＿＿＿＿＿＿＿＿＿＿＿＿＿＿＿＿。

否则

（1）玛丽肯定出门晚了，＿＿＿＿＿＿＿＿＿＿＿＿＿＿＿＿。

（2）你应该多了解中国文化，＿＿＿＿＿＿＿＿＿＿＿＿＿＿＿＿。

(3) 现在你的发型要每天打理，________________________________。

3. 连词成句

(1) 受不了　　的　　我　　房间　　味道

____

(2) 闭　　眼睛　　猜猜　　谁　　上　　我　　是

____

(3) 千万　　旅游　　别　　的　　时候　　忘了　　护照　　带

____

(4) 理　　都　　愿意　　大家　　不　　他

____

(5) 我　　在　　好像　　见　　她　　过　　哪儿

____

八、听力练习：听后判断正误

(1) 男的想烫发。　　(　　)

(2) 男的做了个韩式发型。　　(　　)

(3) 男的不喜欢打理头发。　　(　　)

(4) 理发师觉得男的没理发以前看上去有点儿老。　　(　　)

(5) 男的喜欢很短的发型。　　(　　)

九、完成对话

服务员：美女，________________________(……还是……)？

小　姐：我不做头发，我找你们经理，我花 1 000 块烫的卷发，洗了头发就不卷了。

服务员：您请坐，稍等一下，我去叫经理和发型师。

经　理：您好，小姐，不好意思，您是什么时候烫的？

小　姐：________________________（刚）。

经　理：其实，您现在的发型更自然。

小　姐：________________________（既然……就……），可是现在别人都看不出我烫卷发了。

经　理：您洗完头发怎么吹的？

小　姐：________________________（按照）。

经　理：这样吧，我让发型师再给您烫一下。

小　姐：我的发质本来就比较干，这样__________（把……烫坏了）？

经　理：您放心，我们免费送您一次护理。

小　姐：好吧，________________________（千万）。

A：Měinǚ，________________________（...... háishi ......）？

B：Wǒ bú zuò tóufa，wǒ zhǎo nǐmen jīnglǐ，wǒ huā 1 000 kuài tàng de juǎnfà，xǐle tóufa jiù bù juǎn le。

A：Nín qǐng zuò，shāo děng yíxià，wǒ qù jiào jīnglǐ hé fàxíngshī。

C：Nín hǎo，xiǎojiě，bù hǎoyìsi，nín shì shénme shíhou tàng de？

B：______________（gāng）。

C：Qíshí，nín xiànzài de fàxíng gèng zìrán。

B：__________________（jìrán ...... jiù ......），kěshì xiànzài biérén dōu kàn bu chū wǒ tàng juǎnfà le。

C：Nín xǐwán tóufa zěnme chuī de?

B：________________________________(ànzhào)。

C：Zhèyàng ba，wǒ ràng fàxíngshī zài gěi nín tàng yíxià。

B：Wǒ de fàzhì běnlái jiù bǐjiào gān，zhèyàng __________(bǎ …… tànghuài le)?

C：Nín fàngxīn，wǒmen miǎnfèi sòng nín yí cì hùlǐ。

B：Hǎo ba，____________________(qiānwàn)。

十、同伴练习，做完后把这四个人的发型画出来

A.

	剪发还是烫发	剪/烫什么发型	染什么颜色	刘海是什么样子
王云	烫发	大卷发	金色	长刘海
李丽				
李天	剪发	寸头	不染	不留刘海
麦克				

(B同学看课末十、B)

十一、阅读理解

周末，凯丽带着女儿去理发店理发，这是她第一次去中国的理发店，因为她的汉语不太好，不敢跟中国人说话。理发师很热情，凯丽一进门就给她倒水跟她聊天，给她介绍发型。凯丽给理发师看了一张照片，照片上的小女孩儿是红色的波波头，凯丽一边比画，一边用英语告诉理发师，要剪短，烫成波波头，但不要染成红色。可是理发师也听不懂英语，他看了看照片，点点头。凯丽想顺便去旁边的超市买些东西，就把女儿单独留在了理发店。一个小时以后，当凯丽回来的时候，她吓了一跳，理发师把她女儿的头发染成了红色。她很生气，要找理发店的“boss”，一位经理来帮助她。经理看了看照片，跟凯丽比画了一会儿，终于明白了她的意思。经理跟凯丽道歉，同意重新把头发染成黑色，并且免费做一次护理。凯丽走的时候，经理笑着说，希望你在中国学习一点儿汉语，否则会有很多麻烦。

Zhōumò, Kǎilì dàizhe nǚ'ér qù lǐfàdiàn lǐ fā, zhè shì tā dì-yī cì qù Zhōngguó de lǐfàdiàn, yīnwèi tā de Hànyǔ bú tài hǎo, bùgǎn gēn Zhōngguórén shuōhuà。Lǐfàshī hěn rèqíng, Kǎilì yí jìn mén jiù gěi tā dào shuǐ gēn tā liáo tiān, gěi tā jièshào fàxíng。Kǎilì gěi lǐfàshī kànle yì zhāng zhàopiàn, zhàopiàn shàng de xiǎo nǚháir shì hóngsè de Bōbōtóu, Kǎilì yìbiān bǐhua, yìbiān yòng Yīngyǔ gàosu lǐfàshī, yào jiǎnduǎn, tàngchéng Bōbōtóu, dàn búyào rǎnchéng hóngsè。Kěshì lǐfàshī yě tīng bu dǒng Yīngyǔ, tā kànle kàn zhàopiàn, diǎndian tóu。Kǎilì xiǎng shùnbiàn qù pángbiān de chāoshì mǎi xiē dōngxi, jiù bǎ nǚ'ér dāndú liúzàile lǐfàdiàn。Yí gè xiǎoshí yǐhòu，dāng Kǎilì huílái de shíhou，tā xiàle yí tiào，lǐfàshī bǎ tā nǚ'ér de tóufa rǎnchéngle hóngsè。Tā hěn shēngqì，yào zhǎo lǐfādiàn de "boss"，yí wèi jīnglǐ lái bāngzhù tā。Jīnglǐ kànle kàn zhàopiàn，gēn Kǎilì bǐhuale yíhuìr，zhōngyú míngbaile tā de yìsi。Jīnglǐ gēn Kǎilì dàoqiàn，tóngyì chóngxīn bǎ tóufa rǎnchéng hēisè，bìngqiě miǎnfèi zuò yí cì hùlǐ。Kǎilì zǒu de shíhou，jīnglǐ xiàozhe shuō，xīwàng nǐ zài Zhōngguó xuéxí yìdiǎnr Hànyǔ，fǒuzé huì yǒu hěn duō máfan。

读后回答问题

（1）凯丽为什么不常常去中国的理发店？

（2）凯丽想给女儿做什么样的发型？

（3）理发师给她女儿做了什么样的发型？

（4）经理怎么解决这个事情的？

（5）你觉得这家理发店怎么样？

十二、作文

题目：讲一个关于你理发的故事

语言点：刚，千万，告诉，什么（表示任指），既然……就……

字数：200～300 字

提示问题

（1）你是什么时候在哪儿理发的？

______

（2）你想做什么样子的发型？

______

（3）理发师给了你什么建议？

______

（4）你觉得理发师怎么样？

______

（5）你还愿意再去这个理发店吗？

______

100字

200字

300字

十、B.

	剪发还是烫发	剪/烫什么发型	染什么颜色	刘海是什么样子
王云				
李丽	剪发	短发	红色	齐刘海
李天				
麦克	烫发	韩式卷发	深棕色	刘海

第二十五课　毛茸茸的小狗真可爱

本课目标

1. 能听懂和使用介绍猫狗特点的用语 □
2. 能表达养宠物的好处和坏处 □

主要语言点

1. 够……的 □
2. 从来 □
3. 有……这么…… □
4. 本来 □
5. 可不是 □
6. 根本 □
7. 过来 □
8. 首先……其次…… □
9. 由于 □
10. 甚至 □

一、热身练习：看图回答问题

金毛
泰迪
哈士奇

布偶猫
波斯猫
折耳猫

图 1

图 2

图 3

（1）看图 1，请把这些图片和名字连在一起。你喜欢哪个？为什么？

（2）看图 2，说一说这些狗在做什么？

（3）看图 3，描述一下发生了什么事？

二、对话

（王云要出差，她让玛丽照顾她的狗。玛丽自己有一只猫。）

王云：玛丽，这就是贝贝。

玛丽：长得这么壮，是什么品种呀？

王云：是金毛，别看它是大型犬，性格可温顺了。

玛丽：这毛真够漂亮的，黄黄的、毛茸茸的，真可爱。我从来没养过狗，要注意些什么？

王云：你早晚各喂它一次，每天遛十分钟就行。贝贝很喜欢在外面跑，你要拉着它，别吓着小朋友。

玛丽：它站起来有我的腿这么高呢。它不会咬人吧？

王云：不会，贝贝从来不咬人，在家里也不乱咬东西。不过不知道会不会跟你家的咪咪打架。

玛丽：我家咪咪白天喜欢睡觉，咪咪跟贝贝一样喜欢玩儿，说不定能成为好朋友呢。

王云：本来我打算把贝贝送到宠物店寄养，可是听朋友说，宠物店一直把猫狗关在笼子里，一点儿自由都没有。

玛丽：可不是，宠物店动物多，店员根本顾不过来。我家咪咪上次刚接回家来就生病了。所以贝贝在我家，你就放心吧。

王云：谢谢你啦！

玛丽：我们**谁跟谁**啊，你还跟我客气！

（Wáng Yún yào chūchāi，tā ràng Mǎlì zhàogù tā de gǒu。Mǎlì zìjǐ yǒu yì zhī māo。）

Wáng Yún：Mǎlì，zhè jiùshì Bèibei。

Mǎlì：Zhǎng de zhème zhuàng，shì shénme pǐnzhǒng ya？

Wáng Yún：Shì jīnmáo，bié kàn tā shì dàxíng quǎn，xìnggé kě wēnshùn le。

Mǎlì：Zhè máo zhēn gòu piàoliang de，huánghuáng de，máoróngróng de，zhēn kě'ài。Wǒ cónglái méi yǎngguo gǒu，yào zhùyì xiē shénme？

Wáng Yún：Nǐ zǎowǎn gè wèi tā yí cì，měitiān liù shí fēnzhōng jiù xíng。Bèibei hěn xǐhuan zài wàimiàn pǎo，nǐ yào lāzhe tā，bié xiàzhe xiǎopéngyǒu。

Mǎlì：Tā zhàn qǐlái yǒu wǒ de tuǐ zhème gāo ne。Tā bú huì yǎo rén ba？

Wáng Yún：Bú huì，Bèibei cónglái bù yǎo rén，zài jiā li yě bú luàn yǎo dōngxi。Búguò bù zhīdào huì bu huì gēn nǐ jiā de Mīmi dǎjià。

Mǎlì：Wǒ jiā Mīmi báitiān xǐhuan shuìjiào，Mīmi gēn Bèibei yíyàng xǐhuan wánr，shuōbudìng néng chéngwéi hǎo péngyou ne。

Wáng Yún：Běnlái wǒ dǎsuàn bǎ Bèibei sòngdào chǒngwùdiàn jìyǎng，kěshì tīng péngyou shuō，chǒngwùdiàn yìzhí bǎ māo gǒu guān zài lóngzi lǐ，yìdiǎnr zìyóu dōu méiyǒu。

Mǎlì：Kěbúshi，chǒngwùdiàn dòngwù duō，diànyuán gēnběn gù bu guòlái。Wǒ jiā Mīmi shàng cì gāng jiēhuí jiā lái jiù shēngbìng le。Suǒyǐ Bèibei zài wǒ jiā，nǐ jiù fàngxīn ba。

Wáng Yún：Xièxie nǐ la！

Mǎlì：Wǒmen shuí gēn shuí a，nǐ hái gēn wǒ kèqi！

三、对话生词

1. 照顾	zhàogù	to look after
2. 猫	māo	cat
3. 壮	zhuàng	strong
4. 品种	pǐnzhǒng	kind，type，variety
5. 金毛	jīnmáo	(It literally means golden fur，here refers to a bread of dogs，which is called Golden Retriever.)
6. 大型	dàxíng	large-scale，large
7. 犬	quǎn	dog

8. 性格	xìnggé	personality, character
9. 温顺	wēnshùn	gentle, mild
10. 毛茸茸	máoróngróng	furry
11. 从来	cónglái	always, from the past till the present (often used with 不/没 to mean never) 从来没看过，从来不喜欢
12. 养	yǎng	to raise 养狗，养猫，养花
13. 注意	zhùyì	to pay attention to, to take notice of
14. 各	gè	every, each 各班，各位老师
15. 喂	wèi	to feed, to raise 喂猫，喂狗
16. 拉	lā	to pull 拉住，拉手
17. 吓	xià	to frighten, to scare
18. 小朋友	xiǎopéngyǒu	little kid, child
19. 腿	tuǐ	leg 大腿，小腿
20. 咬	yǎo	to bite
21. 乱	luàn	messy
22. 打架	dǎjià	to fight
23. 说不定	shuōbudìng	perhaps, maybe
24. 本来	běnlái	originally
25. 宠物店	chǒngwùdiàn	pet shop

26. 寄养	jìyǎng	to give …… to look after
27. 笼子	lóngzi	cage
28. 自由	zìyóu	freedom, free
29. 可不是	kěbúshi	yes
30. 店员	diànyuán	store clerk
31. 根本	gēnběn	at all, simply
32. 顾	gù	to attend to, to care for 顾不上

四、课文

养狗的好处和坏处

好处：我认为养狗有很多好处。首先，狗是很忠诚的动物，它可以成为我们的朋友，甚至家人。其次，养狗对我们的健康也有好处，我们每天出去遛狗也是一种运动。最后，养狗还可以培养孩子的爱心。

坏处：我认为养狗会带来卫生问题。有些人遛狗的时候不清理大便，把马路搞得又脏又臭。另外，由于有些人出门遛狗的时候不拴绳子，容易吓到小朋友，甚至可能发生咬人的事情。

Yǎng gǒu de hǎochù hé huàichù

Hǎochù：Wǒ rènwéi yǎng gǒu yǒu hěn duō hǎochù。Shǒuxiān，gǒu shì hěn zhōngchéng de dòngwù，tā kěyǐ chéngwéi wǒmen de péngyou，shènzhì jiārén。Qícì，yǎng gǒu duì wǒmen de jiànkāng yě yǒu hǎochù，wǒmen měitiān chūqù liù gǒu yě shì yì zhǒng yùndòng。Zuìhòu，yǎng gǒu hái kěyǐ péiyǎng háizi de àixīn 。

Huàichù：Wǒ rènwéi yǎng gǒu huì dàilái wèishēng wèntí。Yǒu xiē rén liùgǒu de shíhou bù qīnglǐ dàbiàn，bǎ mǎlù gǎo de yòu zāng yòu chòu。Lìngwài，yóuyú yǒu xiē rén chū mén liù gǒu de shíhou bù shuān shéngzi，róngyì xià dào xiǎopéngyǒu，shènzhì kěnéng fāshēng yǎo rén de shìqing。

五、课文生词

1. 首先	shǒuxiān	first of all，before all others
2. 忠诚	zhōngchéng	loyal
3. 成为	chéngwéi	to become
4. 甚至	shènzhì	even
5. 家人	jiārén	family member
6. 其次	qícì	next，secondly，then
7. 健康	jiànkāng	health；healthy
8. 遛	liù	to walk (the dog)

9. 培养	péiyǎng	to cultivate 培养学生,培养习惯
10. 爱心	àixīn	love
11. 卫生	wèishēng	hygiene 注意卫生,卫生习惯,打扫卫生
12. 清理	qīnglǐ	to clean up 清理垃圾
13. 大便	dàbiàn	defecate
14. 搞	gǎo	to do, to make, to be engaged in
15. 臭	chòu	smelly 一股臭味
16. 另外	lìngwài	in addition
17. 由于	yóuyú	thanks to, as a result of
18. 拴	shuān	to bolt 拴住
19. 绳子	shéngzi	rope 一条绳子

六、语法解释

1. 够……的

表示到一定的程度,一般中间加形容词,表示出乎意料的语气。

"Gòu ...... de" is usually inserted by an adjective, expressing to reach a certain degree with the tone of surprising.

火车上一盒饭要30块钱,真够贵的。A box of dish offered on the train costs 30 yuan, which is really expensive.

他一个人又工作又照顾孩子，够辛苦的。He worked hard and took care of the kid alone，which was quite hard.

2. 从来

(1) 副词，常与“不/没”搭配表示从过去到现在都没发生。

“Cónglái” often collocates with “bù/méi” meaning “never”.

我从来没养过狗，要注意些什么？I have never raised a dog，and what should I pay attention to?

她从来不迟到，今天一定是有什么事情，所以迟到。Since she has never been late，there must be something happened for being late today.

(2) “从来”还可以和“都”搭配，表示从过去到现在都一直这样。“Cónglái” can also collocates with “dōu” meaning always.

他从来都这样睡觉。He is always sleeping like this.

3. “有/没有”表示比较

“A+有/没有+B+(这么、那么)+形容词/动词”格式表示以B为标准，A和B相比，特征或者程度是否一样。

“A + yǒu/méiyǒu + B + (zhème/nàme) + Adj./V.” indicates whether the degree or characteristic of A is as much as B which is regarded as the criterion or reference.

他有我这么高。He is as high as I am.

我没有你说的那么漂亮。I'm not as beautiful as you said.

我没有你那么喜欢吃中国菜。I don't so much like eating Chinese

food as you do.

这个句式的肯定式常常用在问句中。

This affirmative form is often used in the question.

你有他那么喜欢养狗吗? Do you like the dog as much as he does?

4. 本来

(1) 这里表示事情发生了变化,"本来"后面是原来的计划,后一分句说明现在的新情况。

"Běnlái" is followed with original plan, and the second clause usually renders the new arrangement.

本来我打算把贝贝送到宠物店,但是后来觉得不太合适,所以还是让我朋友帮忙照顾了。Originally, I planned to send Beibei to the pet shop, but later I felt it's not good, so I asked my friend a favor to take care of it.

这件事本来应该听老师的。I should have listened to the teacher on this issue.

(2) "本来"还表示事情按道理应该就是这样的意思。

"Běnlái" also means something is a common sense. It's followed with a certain expectation.

学生本来就应该好好学习。Students are supposed to study hard.

学习语言本来就要花很多时间。Learning language is supposed to take lots of time.

5. 可不是

表示同意对方说的话，常常单独使用，也可以用"可不"。

"Kěbúshi" is used to agree with what the other person has said. It is often used alone as a sentence. We can also use "kěbù" instead.

甲：你的狗真听话啊！

乙：可不是，它从来不乱叫。

A：Your dog is so obedient.

B：That's right. He never barks irrationally.

甲：这家餐厅真不错。

乙：可不是，这儿不仅中国菜味道好，环境也好。

A：This restaurant is not bad.

B：It's true. Not only the Chinese food here is delicious, the environment is also good.

6. 根本

用来强调带"不"或"没"的否定句，常用于对前面说过的看法的评价。

"Gēnběn" means "not at all" or "completely", which is often used to emphasize a negative statement with "bù" or "méi", and it's a kind of response to something stated before.

这位新老师根本不知道怎么管学生。This new teacher doesn't know how to manage students at all.

你说的这个人我根本不认识。I did not know this person you talked about at all.

7. 动词+得/不+过来

“动词+得/不+过来”表示在有很多事情时,是不是有能力完成。

“V.+de/bu+guòlái” means if someone is able to manage under the circumstance that there are lots of work at hand.

宠物店动物多,店员根本*顾*不过来。There are too many animals in the pet shop, and the clerk is stuck.

甲:今天这么多事儿,你一个人*忙*得过来吗?

乙:我*忙*不过来。

A: There are so much work to do today. Can you manage them alone?

B: I cannot deal with it.

8. 谁跟谁

习惯用语,意思是对方和自己不分你我,关系很好。一般用在很好的朋友之间。

This idiomatic expression means that the relationship between two persons is very close. Generally it is used between good friends.

甲:谢谢你帮我。

乙:别客气,咱们俩谁跟谁呀。

A: Thank you for helping me.

B: You’re welcome. We are friends.

9. 首先……其次……

用来表示动作或观点的先后顺序。

"Shǒuxiān …… qícì ……" means "firstly …… secondly ……", and it indicates the sequence of actions or opinions.

我的汉语老师首先教我用电脑打汉字，其次再教我怎么写汉字。My Chinese teacher firstly taught me how to input Chinese characters in the computer, and secondly taught me how to write them.

想要学好汉语，首先要多说多练，其次要多了解中国的文化和风俗。If you want to learn Chinese well, you must first talk more and practice more and secondly learn more about Chinese culture and customs.

10. 由于

表示原因。作为连词，它既可以放从句主语的前面，也可以放在后面。

"Yóuyú" explains the cause of something, which is used before or after the subject of the dependent clause as a conjunction.

由于(因为)中国经济发展很快，所以人民的生活也提高得很快。Because Chinese economy developes very quickly, people's life also improves fast.

由于(因为)他对中国文化很感兴趣，所以来到了中国。Because he is very interested in Chinese culture, he came to China.

"由于"可以与"因而""因此"搭配使用，"因为"不可以。

"Yóuyú" can collocate with "yīn'ér" "yīncǐ", but "yīnwèi" cannot.

海南三亚由于(因为╳)空气好、风景美,因而是中国著名的旅游地。Due to good air quality and beautiful scenery, Sanyan in Hainan becomes the famous tourist place in China.

"因为"可以用在先说结果,再说原因的情况,"由于"不可以这样用。

We can also state the result first and use "yīnwèi" to express the reason in the second clause, while "yóuyú" can not be used like that.

我得把小狗送到宠物店去,因为(由于╳)我下周要出差。I have to send the dog to the pet shop, because I am going on a business trip next week.

11. 甚至

表示强调突出,常常放在并列的名词、动词、小句的最后一项之前,突出这一项。它常和"也""都"连用。

"Shènzhì" indicates further emphasis. It can be put before the last one of the coordinate nouns, verbs or clauses to stress this item. It often collocates with "yě" or "dōu".

他去过中国很多城市——上海、北京、广州、成都,甚至拉萨也去过。He has been to many Chinese cities like Shanghai, Beijing, Guangzhou, Chengdu, even Lasa.

在中国用手机支付非常普遍,在商场、餐厅,甚至菜市场都可以用手机付款。Paying with a mobile phone is very common in China, and you can pay by mobile phone in shopping malls, restaurants and even in the wet market.

七、语法练习

1. 用"过"问问你的同伴经历，同伴用"从来"回答

名字	什么地方你从来没去过	什么东西你从来没吃过	……你从来没 V.过……
王云	非洲我从来没去过。	狗肉我从来没吃过。	地震我从来没经历过。

2. 用"……跟……(不)一样"说说下面两张图相同的地方和不相同的地方

3．改错

（1）我的小狗跟你的不一样可爱。

____

（2）我从来喜欢旅游，去过世界很多城市。

____

（3）只有他一个人，他怎么忙得不过来呀？

____

（4）你的房间比他的那么干净吗？

____

（5）王云的身体不好，由于她的生活不健康。

____

4．用下面的词语完成句子

（1）A：昨天的约会有意思吗？

B：______________________________（够……的）。

（2）A：你今天怎么没去遛狗呢？

B：______________________________（本来）。

（3）A：我觉得王云养的那只猫真是太可爱了。

B：______________________________（可不是）。

（4）出门遛狗前你要做些准备，______________________________

__________（首先……其次……）。

（5）有些狗很聪明，能记住回家的路，能听懂人说的话，__________

____________________（甚至）。

八、听力练习

1. 听后把框里的词语填在相应的宠物下面

忠诚　干净　听话　麻烦　聪明　省心

狗	猫

2. 再听一遍，填空

（1）养狗比较（　　　），每天要（　　　），如果我工作忙，就很难（　　　）他。猫可以不出门，或者自己出去玩，自己回家，比较（　　　）。

（2）狗比猫（　　　），也更（　　　），可以（　　　）我做很多事情。

（3）猫狗的（　　　）不一样。你是狗的主人，它对你（　　　）。我和猫像朋友，我们有自己的（　　　）。

九、完成对话

（玛丽的猫生病了，她带着小猫来到了宠物医院。）

玛丽：大夫，我的猫咪拉肚子拉了好几天了，你帮我看看。

医生：拉了几天了？

玛丽：______________________。

医生：精神怎么样？

玛丽：____________________________(甚至)。

医生：之前吃什么了？

玛丽：____________________________(本来)，但上周跑出去不知道吃了什么，回来就拉肚子。

医生：____________________________(把……到……)，先验血。

……

玛丽：大夫，猫咪怎么了？

医生：不严重，没有寄生虫，也没有感染病毒。只是消化不良。

玛丽：____________________________？

医生：禁食一天，我给你开点儿帮助消化的药，多喝水。如果三天还没好，你再来。

玛丽：好，谢谢你！

(Mǎlì de māo shēng bìng le, tā dàizhe xiǎo māo láidàole chǒngwù yīyuàn。)

Mǎlì：Dàifu, wǒ de māomī lā dùzi lāle hǎo jǐ tiān le, nǐ bāng wǒ kànkan。

Yīshēng：Lāle jǐ tiān le?

Mǎlì：____。

Yīshēng：Jīngshen zěnmeyàng?

Mǎlì：____(shènzhì)。

Yīshēng：Zhīqián chī shénme le?

Mǎlì：________________________________(běnlái)，dàn shàngzhōu pǎo chūqù bù zhīdào chīle shénme，huílái jiù lā dùzi。

Yīshēng：________________________(bǎ …… dào ……)，xiān yàn xiě。

……

Mǎlì：Dàifu，māomī zěnme le?

Yīshēng：Bù yánzhòng，méiyǒu jìshēngchóng，yě méiyǒu gǎnrǎn bìngdú。Zhǐshì xiāohuà bùliáng。

Mǎlì：____?

Yīshēng：Jìn shí yì tiān，wǒ gěi nǐ kāi diǎnr bāngzhù xiāohuà de yào，duō hē shuǐ。Rúguǒ sān tiān hái méi hǎo，nǐ zài lái。

Mǎlì：Hǎo，xièxie nǐ!

十、同伴练习

狗丢了，在派出所(pàichūsuǒ，police station)登记。

A.

	狗叫什么名字	什么种类	什么颜色	长什么样子
张三	旺旺	金毛	金色	长毛，带狗项圈(xiàngquān，collar)
李四				
王五	宝宝	泰迪	棕色	卷毛，头顶圆圆的
赵六				

(B同学看课末十、B)

十一、阅读理解

小王的朋友回国了，送了他一只大狗，这只狗站起来有一个五岁孩子那么高。小王从来没养过狗，也不知道养狗需要注意什么。养狗的第一天他在小区遛狗，大狗开心极了，跑来跑去，还在花园里小便，在树下面大便。小王一边听音乐，一边看手机，根本没注意。过了两天，也是在遛狗的时候，大狗对着一个小女孩儿"汪汪"大叫，小女孩儿吓得不敢动。小女孩儿的妈妈很生气地说他："这么大的狗怎么不拴绳子？"小王觉得不好意思，说了声"对不起"就马上带着大狗回家了。

有一天，物业找小王，说他养狗不仅影响小区卫生，还让大家觉得不安全。物业说如果小王不注意这些问题，就必须把大狗送走。小王本来打算养狗陪陪自己，可是没想到有这么多麻烦。为了让大家放心，小王在网上买了一些养狗的东西。每天出门遛狗前都拴好绳子，带好可以装狗狗大便的袋子。大家看到小王的变化，都非常欢迎他出来遛大狗。

Xiǎo Wáng de péngyou huí guó le, sòngle tā yì zhī dà gǒu, zhè zhī gǒu zhàn qǐlái yǒu yí gè wǔ suì háizi nàme gāo。Xiǎo Wáng cónglái méi yǎngguo gǒu, yě bù zhīdào yǎng gǒu xūyào zhùyì shénme。Yǎng gǒu de dì-yī tiān tā zài xiǎoqū liù gǒu, dà gǒu kāixīn jí le, pǎo lái pǎo qù, hái zài huāyuán li xiǎobiàn, zài shù xiàmiàn dàbiàn。Xiǎo Wáng yìbiān tīng yīnyuè, yìbiān kàn shǒujī, gēnběn méi zhùyì。Guòle liǎng tiān, yě shì zài liù gǒu de shíhou, dà gǒu duìzhe yí gè xiǎo nǚháir "wāng wāng" dà jiào, xiǎo nǚháir xià de bùgǎn dòng。Xiǎo nǚháir de māma hěn shēngqì de shuō tā："Zhème dà de gǒu zěnme bù shuān shéngzi?" Xiǎo Wáng juéde bù hǎo yìsi, shuō le shēng "duìbuqǐ" jiù mǎshàng dàizhe dà gǒu huí jiā le。

Yǒu yì tiān, wùyè zhǎo Xiǎo Wáng, shuō tā yǎng gǒu bùjǐn yǐngxiǎng xiǎoqū wèishēng, hái ràng dàjiā juéde bù ānquán。Wùyè shuō rúguǒ Xiǎo Wáng bú zhùyì zhèxiē wèntí, jiù bìxū bǎ dà gǒu sòng zǒu。Xiǎo Wáng běnlái dǎsuan yǎng gǒu péipei zìjǐ, kěshì méi xiǎngdào yǒu zhème duō máfan。Wèile ràng dàjiā fàngxīn, Xiǎo Wáng zài wǎngshang mǎi le yìxiē yǎng gǒu de dōngxi。Měitiān chū mén liù gǒu qián dōu shuān hǎo shéngzi, dài hǎo kěyǐ zhuāng gǒugou dàbiàn de dàizi。Dàjiā kàndào Xiǎo Wáng de biànhuà, dōu fēicháng huānyíng tā chūlai liù dà gǒu。

读后判断正误

(1) 小王的狗是朋友送的。 (　　)

(2) 小王养过狗,所以很高兴。 (　　)

(3) 大家不高兴是因为大家都不喜欢狗。 (　　)

(4) 朋友给了小王狗绳等养狗工具。 (　　)

(5) 邻居们越来越喜欢小王和他的狗了。 (　　)

十二、作文

题目：我的宠物

语言点：从来,跟……一样＋形容词,本来,把……到……,根本,由于,首先……其次……

字数：200～300 字

提示问题

（1）你养过什么宠物？是什么时候养的？

____

（2）你的宠物是什么样子的？请描述一下。

____

（3）你和你的宠物发生过什么好玩儿的事情？

____

（4）你的宠物给你的生活带来了什么变化？

____

（5）最后你的宠物怎么样了？

____

100字

200字

300字

十、B.

	狗叫什么名字	什么种类	什么颜色	长什么样子
张三				
李四	球球	吉娃娃	白色黄点	短毛，大眼睛，大耳朵
王五				
赵六	阿呆	哈士奇	白色头顶黑色	长毛，尾巴剃（tì，to shave）了毛

第二十六课　我对跑步很感兴趣

本课目标

1. 能介绍一项爱好的运动 □
2. 能听懂简单的体育新闻 □
3. 能表达运动的感受 □
4. 能总结运动的好处 □

主要语言点

1. 那可不 □
2. 哪有……的 □
3. 下来 □
4. 不是……也不是……而是…… □
5. 不如 □
6. 既……又…… □
7. 上 □
8. 像……似的 □

一、热身练习：看图回答问题

（1）王云参加了什么比赛？

（2）你觉得她跑得怎么样？

二、对话

李丽：昨天是上海马拉松比赛，你参加了吗？

王云：当然了。

李丽：你跑得怎么样？

王云：我跑完了全程，用了近三个小时。

李丽：你跑得够快的。我看新闻说第一名是一个非洲姑娘，只用了两个多小时。

王云：那可不，男子和女子的前三名都是非洲选手。他们天生都是长跑能手。

李丽：跑这么长时间，你觉得累吗？

王云：**哪有**跑三个小时不累**的**？不过我平时就喜欢跑步，而且比赛前一个月会加强锻炼，所以能坚持**下来**。

李丽：你这个成绩得了第几名呢？

王云：我跑步**不是**为了跟别人比输赢，**也不是**为了得名次，**而是**为了锻炼自己的毅力。

李丽：我记得短跑是你的强项，怎么现在长跑也这么厉害？

王云：刚开始时，我只是想挑战自己，没想到后来越跑越喜欢。

李丽：你真厉害，下次比赛的时候告诉我，我去给你加油。

王云：当啦啦队太无聊了，**不如**和我一起跑吧。

Lǐ Lì：Zuótiān shì Shànghǎi Mǎlāsōng bǐsài，nǐ cānjiāle ma？

Wáng Yún：Dāngrán le。

Lǐ Lì：Nǐ pǎo de zěnmeyàng？

Wáng Yún：Wǒ pǎowánle quánchéng，yòngle jìn sān gè xiǎoshí。

Lǐ Lì：Nǐ pǎo de gòu kuài de。Wǒ kàn xīnwén shuō dì yī míng shì yí gè Fēizhōu gūniang，zhǐ yòngle liǎng gè duō xiǎoshí。

Wáng Yún：Nà kěbù，nánzǐ hé nǚzǐ de qián sān míng dōu shì Fēizhōu xuǎnshǒu。Tāmen tiānshēng dōu shì chángpǎo néngshǒu。

Lǐ Lì：Pǎo zhème cháng shíjiān，nǐ juéde lèi ma?

Wáng Yún：Nǎ yǒu pǎo sān gè xiǎoshí bú lèi de? Búguò wǒ píngshí jiù xǐhuan pǎo bù，érqiě bǐsài qián yí gè yuè huì jiāqiáng duànliàn，suǒyǐ néng jiānchí xiàlái。

Lǐ Lì：Nǐ zhège chéngjì déle dì jǐ míng ne?

Wáng Yún：Wǒ pǎo bù bú shì wèile gēn biéren bǐ shūyíng，yě bú shì wèile dé míngcì，érshì wèile duànliàn zìjǐ de yìlì。

Lǐ Lì：Wǒ jìde duǎnpǎo shì nǐ de qiángxiàng，zěnme xiànzài chángpǎo yě zhème lìhai?

Wáng Yún：Gāng kāishǐ shí，wǒ zhǐshì xiǎng tiǎozhàn zìjǐ，méi xiǎngdào hòulái yuè pǎo yuè xǐhuan。

Lǐ Lì：Nǐ zhēn lìhai，xià cì bǐsài de shíhou gàosu wǒ，wǒ qù gěi nǐ jiāyóu。

Wáng Yún：Dāng lālāduì tài wúliáo le，bùrú hé wǒ yìqǐ pǎo ba。

三、对话生词

1. 马拉松	Mǎlāsōng	marathon
2. 比赛	bǐsài	competition，contest，match

3. 参加	cānjiā	to participate, to attend
4. 全程	quánchéng	entire journey, whole trip
5. 新闻	xīnwén	news
6. 第一名	dì-yī míng	the first place
7. 非洲	Fēizhōu	Africa
8. 姑娘	gūniang	girl, daughter
9. 天生	tiānshēng	innate, to be born with
10. 长跑	chángpǎo	long distance running
11. 能手	néngshǒu	someone who is skillful in doing something that is usually manipulated by hand 游戏能手,钓鱼能手
12. 加强	jiāqiáng	to reinforce, to strengthen
13. 锻炼	duànliàn	to exercise 锻炼身体
14. 坚持	jiānchí	to persist, to persevere
15. 成绩	chéngjì	grade, score, achievement
16. 得	dé	to obtain, to get, to receive 得分,得奖,得到
17. 为了	wèile	in order to, for the sake of
18. 输赢	shūyíng	lose or win (here means result of a match)
19. 名次	míngcì	place in a competition
20. 毅力	yìlì	perseverance, willpower
21. 短跑	duǎnpǎo	short distance race

22. 强	qiáng	strong
23. 项	xiàng	item 项目(here in the dialogue "强项" means the item that somebody is good at. It can also be used as a measure word for match. 这项比赛)
24. 厉害	lìhai	so well, very good
25. 挑战	tiǎozhàn	challenge
26. 后来	hòulái	later, afterwards
27. 加油	jiāyóu	to make an extra effort, to refuel
28. 啦啦队	lālāduì	cheering squad
29. 无聊	wúliáo	boring
30. 不如	bùrú	it would be better to

四、课文

我对跑步很感兴趣，它既可以锻炼我的身体，又可以减轻我的压力。特别是长跑，跑上十来公里，我感觉像换了个人似的。刚开始练习长跑的时候，一跑没多远就觉得很累，那时我总是告诉自己一定要坚持到底。

慢慢地我跑得越来越长，也越来越轻松。现在我每星期要是不跑上一段时间，浑身都不舒服。跑步已经成为我生活中必不可少的一部分。

Wǒ duì pǎobù hěn gǎn xìngqù, tā jì kěyǐ duànliàn wǒ de shēntǐ, yòu kěyǐ jiǎnqīng wǒ de yālì。Tèbié shì chángpǎo, pǎoshang shí lái gōnglǐ, wǒ gǎnjué xiàng huànle gè rén shìde。Gāng kāishǐ liànxí chángpǎo de shíhou, yì pǎo méi duō yuǎn jiù juéde hěn lèi, nàshí wǒ zǒngshì gàosu zìjǐ yídìng yào jiānchí dàodǐ。Mànman de wǒ pǎo de yuèláiyuè cháng, yě yuèláiyuè qīngsōng。Xiànzài wǒ měi xīngqī yàoshi bù pǎoshang yí duàn shíjiān, húnshēn dōu bù shūfu。Pǎobù yǐjīng chéngwéi wǒ shēnghuó zhōng bìbùkěshǎo de yí bùfen。

五、课文生词

1. 既……又……	jì …… yòu ……	both … and …
2. 减轻	jiǎnqīng	to lighten, to ease, to alleviate
3. 压力	yālì	pressure, stress
4. 来	lái	more 二十来人，五十来公斤，一百来公里

5. 感觉	gǎnjué	to feel
6. 像……似的	xiàng …… shìde	It seems like ...
7. 练习	liànxí	to practise
8. 那时	nàshí	at that time
9. 总是	zǒngshì	always
10. 到底	dàodǐ	to the end 走到底，坚持到底
11. 轻松	qīngsōng	gentle, relaxed
12. 浑身	húnshēn	all over the body
13. 舒服	shūfu	comfortable
14. 必不可少	bìbùkěshǎo	indispensable, essential
15. 部分	bùfen	section, part

六、语法解释

1. 那可不

用于口语，表示同意别人，而且带有应该是这样，有点得意的口气。

It's a colloquial expression in denoting consent with the tone of pride.

A：你送她那么多礼物，她一定很高兴吧？

B：那可不。

A：You gave her so many gifts. She must be very happy, isn't she?

B: Sure, of course.

2. 哪有……的?

这是一种表示否定的反问句式。对话中说“跑马拉松哪有不累的?”,意思是跑马拉松都是很累的。

“Nǎ yǒu …… de?” is used in a rhetorical question, meaning “It is impossible that”. In the dialogue, Wang Yun stressed that “It is impossible that running marathon is not tired.”

哪有妈妈不喜欢自己孩子的? It's impossibie that mother doesn't like her children.

哪有吃中餐用刀叉的? It's weird that using knife and fork to take Chinese dishes.

3. 动词+下来(去)

“下来(去)”用在动词后面,除了表示以前我们学过的位置上的变化以外,还可以引申用来表示动作继续。

“Xiàlái(qù)” is used after verb as the complement, meaning physical change in the location as we have learned, and here the meaning of which extends to the ongoing of an action.

你不能在我这里*住*下来。You cannot live on at my place.

异地恋能*坚持*下来不容易。It's not easy for insisting the long-distance relationship.

战争再这样*打*下去,对两个国家都是不利的。It's not good for both countries if they keep fighting in war like this.

4. 不是A,也不是B,而是C

这一结构主要用于说明做某事的原因,不是A,不是B,真正的原因是C。

It's used to illustrate the reason of doing something, emphasizing the real reason C.

我的人生不是为了一碗饭,也不是为了生活,而是为了更远大的目标。My life is not for a bowl of rice, nor to live on, but for more ambitious aims.

不是因为同情,也不是由于补偿,而是真正的爱情。Not because of sympathy, nor compensation, but true love.

5. 不如

放在句子开头,用来提出一个更好的建议。对话里王云觉得李丽去当啦啦队太无聊,所以建议她一起去跑步。

"Bùrú" precedes a sentence indicating a better suggestion or an alternative choice. In the dialogue, Wang Yun preferred Li Li to running with her rather than being a rooter in the cheering squad.

你现在没事,不如我们一起去散散步。Since you have nothing to do right now, let's go out for a walk.

明天商店不一定开门,不如现在去买。Tomorrow the shop may not open, we'd better buy it right now.

6. 既A又B

A,B可以是形容词,也可以是动词短语,A和B的形式常常是相同的。

"Jì A yòu B" means "both ... and ...", A/B could be adjectives or verb phrases, but they should be in the same part of speech.

网购是一种既简单又方便的方式。Online shopping is both simple and convenient.

学习汉语怎么样才能既学得好又学得快呢? Are there any methods that can make Chinese learning both well and efficiently?

7. 动词+上

"上"放在动词后做补语,在这里表示动作开始并进行一段时间。

"Shàng" is placed after verb as a complement, meaning the commence of the action and duration for a periond of time.

明年我要去北京住上一段时间,为我的研究做准备。Next year I will go to Beijing and live for a period of time in order to prepare for my research.

新车得开上一个月左右我才能比较熟悉。I can be familiar with my new car only if I drive it for a month.

8. A 像 B 似的

这一结构表示 A 和 B 很像。类似的结构有"跟……似的"。

It indicates A is similar to B.

这个女人凶得像要吃人似的。This woman is so fierce that she looks like want to eat someone.

他从外国回来就像变了个人似的。He seems to be a totally different person when he comes from abroad.

七、语法练习

1. 填空

哪有	怪不得	对了	那可不	够	可不是

（1）A：昨天晚上南京下大雪，机场都关了。

B：________我的学生在微信上说自己回不了家了。

（2）A：________，我们什么时候放假？

B：好像是周三吧。

（3）A：马克太聪明了，他学了两年就大学毕业了。

B：他________厉害的，我可从来没见过这样的人。

（4）A：你真漂亮。

B：________。

（5）A：这件事情让他很没面子。

B：________，我看他每天都是很不高兴的样子。

（6）A：我这个当妈的太辛苦了，一天 24 小时都在操心孩子的事。

B：________当妈不辛苦的？

2. 选择合适的答案

（1）如果你坚持这么学________，总有一天会得第一名。

A. 起来　　B. 下去　　C. 回去　　D. 上来

（2）汉语的“ü”发音太难了，我读不________。

A. 上　　B. 下　　C. 出来　　D. 起来

（3）如果你错过了这次比赛，至少得等________三年才有机会。

A. 起　　B. 上　　C. 下　　D. 来

（4）我刚到上海的时候，真________那里冬天的寒冷。

A. 看起来　　B. 来得及　　C. 住不来　　D. 受不了

3. 用所给词语或搭配完成句子

不是A，也不是B，而是C

（1）工作____。

（2）养宠物____。

（3）穿旗袍____。

不如

（1）定做衣服可能来不及，________________________。

（2）现在是下班时间叫不到出租车，____________________。

（3）这个发型不适合你的脸型，______________________。

像……似的

（1）她跑步跑得那么快，________________________。

（2）他上课的时候一句话也不说，____________________。

（3）他睡觉的时候，突然起来说一些奇怪的话，______________________。

既……又……

（1）他是一个________________________。

（2）养狗养猫＿＿＿＿＿＿＿＿＿＿。

（3）年底商场有很多打折活动，＿＿＿＿＿＿＿＿＿＿。

八、听力练习：听后选择

（1）在里约奥运会男子短跑比赛中，博尔特（Bó'ěrtè，人名）一共得了几个第一？（　　）

A. 1　　B. 2　　C. 3　　D. 没有

（2）这次 100 米比赛的成绩，是博尔特历史上最好的成绩。（　　）

A. 对　　B. 不对　　C. 不知道

（3）在这次奥运会上，获得女子 100 米和 200 米第一名的运动员来自下面哪个国家？（　　）

A. 牙买加　　B. 美国　　C. 韩国

（4）在奥运会历史上，乔伊娜（Qiáoyīnà，人名）和汤普森（Tāngpǔsēn，人名），谁跑得更快？（　　）

A. 乔伊娜　　B. 汤普森

（5）汤普森对打破现在女子 100 米的世界纪录有没有信心？（　　）

A. 有一点儿　　B. 很有信心　　C. 没有信心

九、完成对话

兰娜：王云上周跑上马（上海马拉松比赛），你去看了吗？

李丽：我没去，但是我跟她见面的时候问了她。

兰娜：她跑得怎么样？

李丽：________________。

兰娜：她真厉害，要是我，__________(别说……就是……)。

李丽：________，你连学游泳都__________，更别说跑马拉松了。(可不是嘛，V.不下来)

兰娜：你别小看我，我最近刚学会了游泳。

李丽：是吗？你__________(够……的)，几天不见，__________(像……似的)。

兰娜：我现在每个星期不________，____________(V.上，浑身)。

李丽：你什么时候有空，我跟你一起去游？

兰娜：____________________(不如)。

Lán Nà：Wáng Yún shàngzhōu pǎo Shàng Mǎ（Shànghǎi Mǎlāsōng bǐsài），nǐ qù kànle ma？

Lǐ Lì：Wǒ méi qù，dànshì wǒ gēn tā jiànmiàn de shíhou wènle tā。

Lán Nà：Tā pǎo de zěnmeyàng？

Lǐ Lì：________________。

Lán Nà：Tā zhēn lìhai，yàoshi wǒ，__________(biéshuō ...... jiùshì ......)

Lǐ Lì：________，nǐ lián xué yóuyǒng dōu __________，gèng biéshuō pǎo Mǎlāsōng le。(kěbúshi ma，V. bú xiàlái)

Lán Nà：Nǐ bié xiǎokàn wǒ，wǒ zuìjìn gāng xuéhuìle yóuyǒng。

Lǐ Lì：Shì ma？Nǐ __________(gòu ...... de)，jǐ tiān bújiàn，__________(xiàng ...... shìde)。

Lán Nà：________，wǒ xiànzài měi gè xīngqī bù ____________

（V.shàng，húnshēn）。

Lǐ Lì：Nǐ shénme shíhou yǒu kòng，wǒ gēn nǐ yìqǐ qù yóu？

Lán Nà：＿＿＿＿＿＿＿＿＿＿＿＿（bùrú）。

十、同伴练习

A.

	参加了什么比赛	得了第几名	为什么这么厉害
张东			
李美	全国马拉松比赛	一万人参加，得了50名	坚持锻炼，挑战自己
玛丽			
马克	自行车比赛	得了金牌，和第二名差一分钟	从小就喜欢运动，中学就参加了自行车队

（B同学看课末十、B）

十一、看下面几段话，按正确的顺序排列

（1）16岁的时候他就让爸爸教他开真的汽车，他学会开车以后就爱上了开车，每天都要出去开一会儿。

（2）他爱上开赛车以后就开始报名参加各种比赛。他说他参加比赛不是为了得冠军，也不是为了奖金，而是为了自己的爱好。

（3）后来他报名参加了赛车学习班。他每天都要去开上一些时间。开赛车是他锻炼身体的一种方式。

（4）心情不好的时候，他就跟朋友一起开车出去比谁开得快，开完回来他就像换了一个人似的，什么烦恼都没有了。

（5）现在他已经是著名的赛车运动员了。

（6）马克从小就喜欢汽车，他家里的玩具汽车多得数也数不过来。

（1）16 suì de shíhou tā jiù ràng bàba jiāo tā kāi zhēn de qìchē，tā xuéhuì kāi chē yǐhòu jiù àishang le kāi chē，měi tiān dōu yào chūqù kāi yíhuìr。

（2）Tā àishang kāi sàichē yǐhòu jiù kāishǐ bàomíng cānjiā gèzhǒng bǐsài。Tā shuō tā cānjiā bǐsài búshì wèile dé guànjūn，yě búshì wèile jiǎngjīn，érshì wèile zìjǐ de àihào。

（3）Hòulái tā bàomíng cānjiāle sàichē xuéxíbān。Tā měi tiān dōu yào qù kāishang yìxiē shíjiān。Kāi sàichē shì tā duànliàn shēntǐ de yì zhǒng fāngshì。

（4）Xīnqíng bù hǎo de shíhou，tā jiù gēn péngyou yìqǐ kāi chē chūqù bǐ shuí kāi de kuài，kāiwán huílái tā jiù xiàng huànle yí gè rén shìde，shénme fánnǎo dōu méiyǒu le。

（5）Xiànzài tā yǐjīng shì zhùmíng de sàichē yùndòngyuán le。

（6）Mǎkè cóngxiǎo jiù xǐhuan qìchē，tā jiā li de wánjù qìchē duō de shǔ yě shǔ bu guòlái。

____

十二、写作

题目：我感兴趣的一项运动

语言点：对…… 感兴趣，对……有好处，V.上，V.下去(来)，不是……也不是……而是……，必不可少

字数：300～350

提示问题

（1）你对什么运动感兴趣？

____

（2）为什么对这个运动感兴趣？

____

（3）你觉得参加这个运动有什么好处？

____

（4）你参加过比赛吗？比赛的成绩怎么样？你觉得比赛的输赢重要吗？

____

（5）你会坚持这项运动吗？

____

100字

200字

300字

十、B.

	参加了什么比赛	得了第几名	为什么这么厉害
张东	学校游泳比赛	全校第三名	每天都要游上一个多小时
李美			
玛丽	运动会的短跑比赛	跑得非常快，得了冠军	是运气，因为学校短跑最厉害的同学生病没来参加比赛
马克			

第二十七课　老师教我做中国菜

本课目标

1. 能听懂简单的中国菜的做法，包括材料、方法等 □
2. 能简单评价菜的味道、营养等 □
3. 能介绍西红柿炒鸡蛋的做法 □

主要语言点

1. "把"字句总结 □
2. 结果补语：熟、干净、好 □
3. 复合趋向补语引申义：看起来、做起来、接下来 □
4. 特别是 □

一、热身练习，看图回答问题

（1）说一说上面图片中都有什么？

（2）猜一猜这是做什么菜，怎么做？请试着排一下顺序，并完成下面的表格。

菜　　名	
食　　材	
调　　料	
做菜的步骤	

二、对话

（老师在教同学们做中国菜）

老师：大家好，你们平时喜欢吃中国菜吗？

李丽：喜欢，我们全家都喜欢，特别是我的小女儿，每天都要吃。

王云：我也喜欢，中国菜很香，不过有点儿油，我觉得吃多了对身体不好。

李天：我家附近新开了两家中餐店，我们每周末都去吃一次。

老师：那大家都喜欢什么菜呢？

玛丽：我喜欢宫保鸡丁，有点儿甜，还有点儿辣，挺好吃的。

李丽：我喜欢黑椒牛肉，麻婆豆腐什么的。我女儿喜欢西红柿炒鸡蛋。

老师：看起来大家都很喜欢。那么今天我们一起来学习做西红柿炒鸡蛋怎么样？

李丽：太好了，我学会了可以做给家人吃。

老师：这个菜不难，而且也好吃，酸酸甜甜的，味道很好。

王云：自己做的话可以少放点儿油，对身体更健康。

李天：是啊，比饭店的更卫生。

玛丽：不但可以做给家人吃，而且请客的时候也有拿手菜了。

老师：大家说得都很对。我们现在开始学习怎么做吧。

学生们：好的，老师，我们准备好了。

老师：李丽和玛丽你们先把西红柿、鸡蛋洗干净。

李丽：老师，洗好了。

老师：王云，你把西红柿切成小块儿；李天，你把鸡蛋打散，再往鸡蛋里放点盐和糖。

王云和李天：好了。

老师：现在把锅加热，然后倒点油进去，把打好的鸡蛋倒进去炒熟，再把鸡蛋盛到碗里。李丽，你来炒西红柿吧，跟炒鸡蛋一样。

李丽：老师，西红柿炒好了。

老师：最后把刚才炒好的鸡蛋也倒进去翻炒，根据口味再放一些盐和糖就好了。

王云：我尝尝，嗯？怎么那么甜？

李丽：糟糕，我把糖当成盐了。

(Lǎoshī zài jiāo tóngxuémen zuò Zhōngguó cài)

Lǎoshī：Dàjiā hǎo，nǐmen píngshí xǐhuan chī Zhōngguó cài ma?

Lǐ Lì：Xǐhuan，wǒmen quánjiā dōu xǐhuan，tèbié shì wǒ de xiǎo nǚ'ér，měi tiān dōu yào chī。

Wáng Yún：Wǒ yě xǐhuan，Zhōngguó cài hěn xiāng，búguò yǒudiǎnr yóu，wǒ juéde chīduōle duì shēntǐ bù hǎo。

Lǐ Tiān：Wǒ jiā fùjìn xīn kāile liǎng jiā zhōngcāndiàn，wǒmen měi zhōumò dōu qù chī yí cì。

Lǎoshī：Nà dàjiā dōu xǐhuan shénme cài ne?

Mǎlì：Wǒ xǐhuan Gōngbǎo jīdīng，yǒudiǎnr tián，hái yǒudiǎnr là，tǐng hǎo chī de。

Lǐ Lì：Wǒ xǐhuan Hēijiāo niúròu，Mápó dòufu shénme de。Wǒ nǚ'ér xǐhuan Xīhóngshì chǎo jīdàn。

Lǎoshī：Kàn qǐlái dàjiā dōu hěn xǐhuan。Nàme jīntiān wǒmen yìqǐ lái xuéxí zuò Xīhóngshì chǎo jīdàn zěnmeyàng?

Lǐ Lì：Tài hǎo le，wǒ xuéhuìle kěyǐ zuògěi jiārén chī。

Lǎoshī：Zhège cài bù nán，érqiě yě hǎochī，suānsuān tiántián de，wèidào hěn hǎo。

Wáng Yún：Zìjǐ zuò de huà kěyǐ shǎo fàng diǎnr yóu，duì shēntǐ gèng jiànkāng。

Lǐ Tiān：Shì a，bǐ fàndiàn de gèng wèishēng。

Mǎlì：Búdàn kěyǐ zuògěi jiārén chī，érqiě qǐngkè de shíhou yě yǒu náshǒu cài le。

Lǎoshī：Dàjiā shuō de dōu hěn duì。Wǒmen xiànzài kāishǐ xuéxí zěnme zuò ba。

Xuéshēngmen：Hǎo de，lǎoshī，wǒmen zhǔnbèi hǎo le。

Lǎoshī：Lǐ Lì hé Mǎlì nǐmen xiān bǎ xīhóngshì、jīdàn xǐ gànjìng。

Lǐ Lì：Lǎoshī，xǐhǎo le。

Lǎoshī：Wáng Yún，nǐ bǎ xīhóngshì qiēchéng xiǎo kuàir；Lǐ Tiān，nǐ bǎ jīdàn dǎsǎn，zài wǎng jīdàn li fàng diǎn yán hé táng。

Wáng Yún hé Lǐ Tiān：Hǎo le。

Lǎoshī：Xiànzài bǎ guō jiārè，ránhòu dào diǎn yóu jìnqù，bǎ dǎ hǎo de jīdàn dào jìnqù chǎoshú，zài bǎ jīdàn chéngdào wǎn li。Lǐ Lì，nǐ lái chǎo xīhóngshì ba，gēn chǎo jīdàn yíyàng。

Lǐ Lì：Lǎoshī，xīhóngshì chǎohǎo le。

Lǎoshī：Zuìhòu bǎ gāngcái chǎohǎo de jīdàn yě dào jìnqù fānchǎo，gēnjù kǒuwèi zài fàng yìxiē yán hé táng jiù hǎo le。

Wáng Yún：Wǒ chángchang，én？Zěnme nàme tián？

Lǐ Lì：Zāogāo，wǒ bǎ táng dàngchéng yán le。

三、对话生词

1. 香　　xiāng　　appetizing，fragrant

　　饭菜很香

2. 油	yóu	oil; oily 倒油;有点儿油
3. 家	jiā	family, home; (measuare word for shop, hospital ......) 一家饭店,一家医院
4. 中餐	zhōngcān	Chinese food 吃中餐
5. 宫保鸡丁	Gōngbǎo jīdīng	Kung Pao chicken
6. 黑椒牛肉	Hēijiāo niúròu	Black Pepper Beef
7. 麻婆豆腐	Mápó dòufu	Mapo Tofu (name of a hot and spicy bean curd dish)
8. 西红柿炒鸡蛋	Xīhóngshì chǎo jīdàn	Stir Fried Tomato and Egg
9. 酸	suān	sour 很酸,酸酸的
10. 味道	wèidào	taste, flavour 尝尝味道
11. 请客	qǐngkè	to treat, to host a dinner
12. 拿手菜	náshǒu cài	dishes that someone is good at
13. 切	qiē	to cut, to slice 切水果,切菜
14. 成	chéng	to become 切成块儿,"午"写成"牛",中文翻译成英文

15. 小块儿	xiǎo kuàir	small pieces 小块儿水果，小块儿蛋糕(dàngāo, cake)
16. 打	dǎ	to whip up an egg 打鸡蛋
17. 散	sǎn	loosen 打散鸡蛋(whip up the yolk and egg white)
18. 盐	yán	salt
19. 糖	táng	sugar, candy
20. 加热	jiārè	heat up
21. 倒	dào	to pour 倒油，倒茶，倒酒，倒水
22. 翻	fān	to turn over 翻书，翻炒
23. 熟	shú	ripe, cooked 牛肉熟了，熟食
24. 盛	chéng	to pick up with a utensil 盛饭，盛到碗里
25. 根据	gēnjù	according to, basis
26. 口味	kǒuwèi	a person's preferences of tastes
27. 糟糕	zāogāo	in a terrible mess, terrible
28. 当	dàng	to take to be, to count as 把他当成朋友

四、课文

我最近学了一个新菜，叫宫保鸡丁。这个菜做起来有点复杂，但是吃起来特别好吃。首先，需要的材料很多，要准备好鸡胸肉、黄瓜、胡萝卜、熟花生、葱、辣椒、酱油、醋、料酒、糖和盐；然后把鸡胸肉切成丁，放酱油腌一下，再把黄瓜、胡萝卜切成丁、葱切成小段；接下来，把锅加热，再倒点儿油，然后把辣椒炒香，再把葱段放进去，接着把鸡丁放进去，倒一点儿料酒，把鸡丁炒成黄色后放一些酱油、盐和糖，再把胡萝卜丁放进去炒，两三分钟后放黄瓜丁、熟花生炒一下就好了。

Wǒ zuìjìn xuéle yí gè xīn cài, jiào Gōngbǎo jīdīng。Zhège cài zuò qǐlái yǒudiǎn fùzá, dànshì chī qǐlái tèbié hǎo chī。Shǒuxiān, xūyào de cáiliào hěn duō, yào zhǔnbèi hǎo jīxiōngròu、huángguā、húluóbo、shú huāshēng、cōng、làjiāo、jiàngyóu、cù、liàojiǔ、táng hé yán; ránhòu bǎ jīxiōngròu qiēchéng dīng, fàng jiàngyóu yān yíxià, zài bǎ huángguā、húluóbo qiēchéng dīng、cōng qiēchéng xiǎo duàn; jiēxiàlái, bǎ guō jiārè, zài dào diǎnr yóu, ránhòu bǎ làjiāo chǎoxiāng, zài bǎ cōngduàn fàng jìnqù, jiēzhe bǎ jīdīng fàng jìnqù, dào yìdiǎnr liàojiǔ, bǎ jīdīng chǎochéng huángsè hòu fàng yìxiē jiàngyóu、yán hé táng，zài bǎ húluóbo dīng fàng jìnqù chǎo，liǎng-sān fēnzhōng hòu fàng huángguā dīng、shú huāshēng chǎo yíxià jiù hǎo le。

五、课文生词

1. 做起来	zuò qǐlái	to start to do sth.
2. 复杂	fùzá	complicated，complex 很复杂，不复杂
3. 需要	xūyào	need
4. 材料	cáiliào	material 做菜的材料
5. 准备	zhǔnbèi	to prepare
6. 鸡胸肉	jīxiōngròu	chicken breast
7. 黄瓜	huángguā	cucumber
8. 胡萝卜	húluóbo	carrot
9. 葱	cōng	scallion，green onion
10. 辣椒	làjiāo	chilli，pepper
11. 酱油	jiàngyóu	soy sauce
12. 醋	cù	vinegar
13. 料酒	liàojiǔ	cooking wine
14. 丁	dīng	cubes of meat and vegetables 肉丁，胡萝卜丁

15. 腌　　yān　　to salt, pickle
腌肉，腌一下

16. 接下来　　jiēxiàlái　　next, then, follow

六、语法解释

1. “把”字句

“把”字句是指由介词“把”构成的介宾短语作为状语的句子，表示对确定的人或者事物实施某种动作行为，使其发生位移或者变化等，并且产生一定影响。

“Bǎ” sentence refers to the sentence with “bǎ+object” as the adverbial. It is used to indicate that an action is imposed upon certain people or things to make them move or change, and have a certain influence.

(1) 主语+把+宾语+动词+在/到/给+地点/对象

Subject + bǎ + object + V. + zài/dào/gěi + place/somebody or something

他把书放到书包里了。He put the book in his schoolbag.

我把作业交给老师了。I gave my homework to the teacher.

(2) 主语+把+宾语+动词+结果补语

Subject+bǎ+object+V.+result complement

我把作业写完了。I finished my homework.

我把门关上了。I closed the door.

(3) 主语+把+宾语+动词+趋向补语

Subject+bǎ+object+V.+directional complement

我把书放回去了。I put the book back.

她把书拿下来了。She took the book down from the bookshelf.

(4) 主语+把+宾语+动词+其他补语

Subject+bǎ+object+V.+other complement

他把房间打扫得很干净。He cleaned the room well.

(5) 主语+把+宾语+动词+了/着

Subject+bǎ+object+V.+le/zhe

他把衣服洗了。He washed the clothes.

你把雨伞带着吧。You'd better take the umbrella with you.

(6) 主语+把+宾语 1+动词+宾语 2

Subject+bǎ+object1+V.+object2

我要把这件事告诉老师。I'm going to tell my friends about this thing.

请把那本书给我，谢谢。Please give me that book, thank you.

(7) 主语+把+宾语 1+动词+成+宾语 2

Subject+bǎ+object1+V.+chéng+object2

这个把字句的结构表示从一种形式变成另一种形式，经常使用的动词有"变""换"等。

This "bǎ ...... V. chéng ......" structure denotes one form transforms to another. Verbs like "biàn" "huàn" are frequently used.

政府打算把这些旧房子*变*成艺术馆。The government intends to turn these old real estate into art gallary.

我得把小号的*换*成大号的。I have to change this small size to the big one.

2. 结果补语：熟、干净、好

句子中的"熟、干净、好"是结果补语，用来补充说明动作引起的结果。

The words of "shú/gānjìng/hǎo" in the sentence are result complements. They are used to supplement the results of the actions.

把鸡蛋*炒*熟。Fry the eggs.

我把我的房间*打扫*干净了。I cleaned up my room.

蛋糕*做*好了。The cake is done.

3. "起来"和"下来"的引申义：看起来、做起来、接下来

(1) 动词/形容词+起来

① 表示动作行为或者状态开始并且持续下去。宾语要放在"起来"的中间。

"V./Adj.＋qǐlái" indicates that an action or a state begins and continues. The object should be inserted in the complement.

没有看到妈妈，小孩子*哭*起来了。The baby cried without seeing her mother.

突然*下*起*雨*来了。Suddenly it began to rain.

天气热起来了。It's getting hot.

② "动词＋起来",表示对事物、事情进行估计或者评价。

"V.＋qǐlái" indicates to estimate or comment on something.

他看起来很高兴。He looks very happy.

听起来他不太愿意跟我见面。It sounds like he's not very willing to meet me.

这个菜做起来有点儿难。This dish is a bit difficult to cook.

(2) 动词/形容词＋下来,表示动作行为从开始持续到现在。

"V./Adj. ＋ xiàlái" indicates that an action continues from the beginning to the present for a period of time.

两个月前,他开始慢慢地瘦下来了。He began to lose weight two months ago.(Here you cannot use "胖(pàng)" with "xiàlái",because "xiàlái" collocates with words sematically meaning "less".)

我发现,汉语学下来也没有那么难。I found learning Chinese is not as difficult as I expected.

4. 特别是

表示更进一步,常常是前一个分句提出一个情况,后一个分句用"特别(是)"表示在全体中或者与其他事物相比的时候更突出。

The adverb "tèbié" means "especially". It is often used when the first clause comes up with a general condition, and the second one uses "tèbié(shì)" to indicate someone or something stands out in a group or in comparison.

我这个星期很忙,特别是星期三。I'm busy this week, especially on Wednesday.

我女儿爱打扮,特别是喜欢穿高跟鞋。My daughter loves to dress up and really likes wearing high heels.

七、语法练习

1. 调查:你的同学们在自己国家最大的节日快来时,要做什么事情?(房间、礼物、食物等)

如:把房间打扫干净……

姓　名	什么节日	做什么准备(用"把"字句)			
(1)					
(2)					
(3)					
(4)					
(5)					

2. 介绍一个菜的做法,用括号中的词完成句子

(1) 先____________________________________(洗)

(2) 再____________________________________(切)

(3) 然后__________________________________(炒)

(4) 接下来________________________________(放)

(5) 最后__________________________________(做)

3. 选词填空

（1）刚出门，雨就________了。（　　）

A. 下起来　　B. 下出来　　C. 下上来　　D. 下下去

（2）开始学习汉语的时候觉得很难，现在________觉得还可以。（　　）

A. 学起来　　B. 学出来　　C. 学下来　　D. 学下去

（3）工作了一天，他________非常累。（　　）

A. 看下来　　B. 看出来　　C. 看下去　　D. 看起来

（4）多穿点儿衣服吧，现在外面________了。（　　）

A. 刮风起来　　B. 刮起风来　　C. 刮风下来　　D. 刮下风来

（5）刚看完电视，他又________。（　　）

A. 听音乐起来　　B. 听音乐出来

C. 听起音乐来　　D. 听出音乐来

4. 完成句子

（1）我喜欢很多中国菜，________________________________。

（特别是）

（2）上海有很多好玩儿的地方，________________________________。

（特别是）

（3）北京的四季都很漂亮，________________________________。

（特别是）

（4）我学汉语半年了，________________________________。

（V. 下去）

（5）你怎么了？________________________________。

（V. 起来）

（6）对不起，我认错人了，____________________________。（成）

八、听说练习：听后完成表格并回答问题

请根据听到的内容填空，然后告诉你同学李阿姨今天要做什么。

	1	2	3	4	5
什么东西	房间	卫生间里________	花		
做什么	________打扫一下		________花瓶里	洗________ 拿________	________好

九、完成对话

王云：李丽，你常常做中国菜吗？

李丽：是啊，我们家常吃，____

（特别是）。

王云：你会做哪些菜啊？

李丽：西红柿炒鸡蛋、宫保鸡丁、麻婆豆腐什么的，____________________

__________（拿手）。

王云：你太棒了。我学不会，我觉得做中国菜比学汉语还难。

李丽：没有那么难。比如麻婆豆腐，________________________________

______________（“把”字句），放点儿辣椒炒一炒就好了。

王云：____________________________________（听起来），可是________

______________________（起来）。

Wáng Yún：Lǐ Lì，nǐ chángcháng zuò Zhōngguó cài ma?

Lǐ Lì：Shì a，wǒmen jiā cháng chī，______________________

（tèbié shì）。

Wáng Yún：Nǐ huì zuò nǎ xiē cài a?

Lǐ Lì：Xīhóngshì chǎo jīdàn、Gōngbǎo jīdīng、Mápó dòufu shénme de，

______________________（náshǒu）。

Wáng Yún：Nǐ tài bàng le。Wǒ xué bú huì，wǒ juéde zuò Zhōngguó cài bǐ xué Hànyǔ hái nán。

LǐLì：Méiyǒu nàme nán。Bǐrú Mápó dòufu，______________________

__________（"bǎ" zì jù），fàng diǎnr làjiāo chǎo yi chǎo jiù hǎo le。

Wáng Yún：______________________（tīng qǐlái），kěshì

______________________（qǐlái）。

十、同伴练习

A.

可乐鸡翅（jīchì，Chicken wings）的做法
1. 准备好一瓶可乐、鸡翅、苹果、冰糖（bīngtáng，crystal sugar）、姜（jiāng，ginger）、酱油、盐。
2. ______________________。

续表

可乐鸡翅（jīchì，Chicken wings）的做法
3. 再把鸡翅的两面都切两下，放点酱油腌 10 分钟。
4. ______________________________。
5. 把锅加热，倒点油，再加热，把姜放进去。
6. ______________________________，两面都煎（jiān，deep fried）成黄色。
7. 把可乐倒进锅里，煮（zhǔ，to boil）开。
8. ______________________________。
9. 小火煮 10 到 15 分钟，____________，几分钟后就做好了。

（B 同学看课末十、B）

十一、看下面几段话，按正确的顺序排列

（1）接下来我们把油倒进锅里，等油热了以后把青椒丝和土豆丝放进锅里翻炒，几分钟后又往菜里放了点盐。

（2）打开冰箱一看，里面只有一个土豆和一个青椒。我们上网看到有一个菜叫青椒土豆丝，就想做这个吃。

（3）菜炒好了以后，看起来还不错。我们开心地准备吃饭，可是没想到，尝

了以后发现特别难吃，谁也不想吃了。

(4) 今天周末，我们一直在家看电视。中午的时候很饿，可是我们都不想出去吃饭。

(5) 最后我们没办法，只好打电话叫外卖了。以后我们一定要好好儿学习怎么做菜。

(6) 我们先把土豆和青椒洗干净，然后按照网上的方法把它们切成了丝。

(1) Jiēxiàlái wǒmen bǎ yóu dàojìn guō li, děng yóu rèle yǐhòu bǎ qīngjiāo sī hé tǔdòu sī fàngjìn guō li fānchǎo, jǐ fēnzhōng hòu yòu wǎng cài li fàngle diǎn yán。

(2) Dǎkāi bīngxiāng yí kàn, lǐmiàn zhǐyǒu yí gè tǔdòu hé yí gè qīngjiāo。Wǒmen shàng wǎng kàndào yǒu yí gè cài jiào Qīngjiāo tǔdòusī, jiù xiǎng zuò zhège chī。

(3) Cài chǎohǎole yǐhòu, kàn qǐlái hái búcuò。Wǒmen kāixīn de zhǔnbèi chī fàn, kěshì méi xiǎngdào, chángle yǐhòu fāxiàn tèbié nánchī, shuí yě bù xiǎng chī le。

(4) Jīntiān zhōumò, wǒmen yìzhí zài jiā kàn diànshì。Zhōngwǔ de shíhou hěn è, kěshì wǒmen dōu bù xiǎng chūqù chī fàn。

(5) Zuìhòu wǒmen méi bànfǎ, zhǐhǎo dǎ diànhuà jiào wàimài le。Yǐhòu wǒmen yídìng yào hǎohāor xuéxí zěnme zuò cài。

(6) Wǒmen xiān bǎ tǔdòu hé qīngjiāo xǐ gànjìng, ránhòu ànzhào wǎngshang de fāngfǎ bǎ tāmen qiēchéngle sī。

十二、作文

题目：我最喜欢的一个菜

语言点：特别，把字句，把……V.成……，熟，不但……而且……，根据

字数：300～350 字

提示问题

（1）这个菜叫什么名字？是哪里的菜？什么味道的？

____

（2）你为什么喜欢这个菜？

____

（3）做这个菜需要哪些材料？最重要的是哪些？

____

（4）这个菜怎么做？

____

（5）做这个菜需要注意什么？

____

100字

200字

300字

十、B.

可乐鸡翅（jīchì，Chicken wings）的做法
1. ______________________冰糖（bīngtáng，crystal sugar）、姜（jiāng，ginger）、酱油、盐。
2. 先把鸡翅和苹果洗干净。
3. ______________________，放点酱油腌10分钟。
4. 把苹果切成小块，把姜切成小片。
5. ____________，倒点油，再加热，______________。
6. 然后把鸡翅放进锅里，两面都煎（jiān，deep fried）成黄色。
7. ____________，煮（zhǔ，to boil）开。
8. 往锅里放一些冰糖和苹果。
9. 小火煮10到15分钟，最后放点盐，几分钟后就做好了。

第二十八课　怎么还没发货？

本课目标

1. 能听懂快递客服关于商品、发货、运费的信息 □
2. 能提出快递发货的要求 □
3. 能描述寄快递的过程 □

主要语言点

1. 急着 □
2. 兼语句 □
3. 都……了 □
4. 可能补语：……不上、……不到 □
5. 哪怕……，也/还…… □

一、热身练习：看图片回答问题

韵达 EXPRESS
95546
yundaex.com
1 2026 9051 3961
格口号
加盟电话：021-39207888
加盟邮箱：jiameng@yundasys.com

1 寄件人信息 Shipper
寄件人姓名 Sender's Name 张三
始发地城市 Departure city 上海
单位名称 Company 东华大学
寄件地址 Address 省 Province 上海市 市 City 长宁区 县/区 County/District 乡/镇 Town
延安西路东华大学北门菜鸟驿站（联系电话：
联系电话 Phone 13562937068 邮政编码 Postal Code

2 收件人信息 Receiver
收件人姓名 Receiver's Name 李四
目的地城市 Arrival city 北京
单位名称 Company 北京大学
收件地址 Address 省 Province 北京 市 City 海淀 县/区 County/District 乡/镇 Town
颐和园路5号
联系电话 Phone 18025643077 邮政编码 Postal Code

3 品名信息 Package Information
品名 Contents 生活用品
□ 航空禁运，汽运 Highway
□ 航空运输 Air Embargo
数量 Quantity 体积重量 Dim Weight 千克 kgs 尺寸 DIM 长 L 宽 W 高 H 厘米 cm

4 费用 Charge
快递费 Freight Charge 元（小写）yuan/RMB
付费方式 Payment of Charge □ 现金 Cash □ 协议结算 Agreement

申报保价和赔偿约定 Insurance Declaration Indemnity Clauses
□ 否 No 声明：内件价值不超过人民币壹仟元。未保价快件损失按快递费的：□5倍 □7倍 □____倍进行赔偿。Five times / Seven times times of the actual freight charges of this times
□ 是 Yes 保价费 Insurance fee 元＝申报内件价值 yuan/RMB Internals' Value 元×3% yuan/RMB Insurance Rate 保价快件损失在申报内件价值范围内进行赔偿。The compensation of damaged inner items which had already been insured shall be paid

重要提示
1. 填写运单前务必阅读背面的《快递服务协议》，使用本运单表示理解并接受该协议内容。2. 贵重物品或单票内件价值超过人民币壹仟元的应选择保价，未保价按运单选填的快递费倍数赔偿，未选填的视为按快递费的五倍赔偿，保价快件在申报内件价值范围内赔偿。

5 寄件人签名 Sender's Signature
年 Y 月 M 日 D 时 H
6 揽件人签名 Deliver's Signature
7 收件人签名 Receiver's Signature
1 2026 9051 3961
三字代码
中国最美县 杭州·桐庐 0571-58569000

（1）图片上的东西叫什么名字？

（2）这是从什么地方发到什么地方的快递？

（3）快递里面是什么东西？

（4）上面还写着什么？

二、对话

（双十一到了，王云在网上买了很多东西，有一双鞋急着要穿，所以她在网上跟客服聊天儿，想催他们快点儿发货。）

王云：你好，有人在吗？

客服：在呢，亲，有什么可以帮您的？

王云：我在你家店里买了一双鞋，怎么还没发货啊？

客服：我看看，抱歉呢，亲，双十一下单太多了，我们一定尽快给您安排发货。

王云：大概什么时候能发货呢？

客服：亲，请您耐心一点儿，我们是按照下单的顺序安排发货的。大概明天都能发完。不过现在快递多，路上时间恐怕会长一些。

王云：可是我急着穿，都一个星期了，今天还发不了吗？能不能想个办法快点儿。

客服：亲，是寄到哪里的？

王云：上海。

客服：那这样，既然您急着用，要不您补个差价，我们给您发一个当天能到的快递好吗？这样能保证时间。

王云：还需要补差价啊？我都是你们家老客户了，不能包邮吗？

客服：不行的，亲，我们双十一已经没有利润了，包不了了。

王云：好吧，哪怕运费贵点儿，能到也行了。需要补多少？怎么补？

客服：补20块钱，我给您发个链接，您网上支付一下就可以了。

王云：好的，谢谢。

客服：不客气，我帮您备注好了。尽快发货，发当天能到的快递。

（Shuāng shíyī dào le，Wáng Yún zài wǎngshang mǎile hěn duō dōngxi，yǒu yì shuāng xié jízhe yào chuān，suǒyǐ tā zài wǎngshang gēn kèfú liáo tiānr，xiǎng cuī tāmen kuài diǎnr fā huò。）

Wáng Yún：Nǐ hǎo，yǒu rén zài ma?

Kèfú：Zài ne，qīn，yǒu shénme kěyǐ bāng nín de?

Wáng Yún：Wǒ zài nǐ jiā diàn li mǎile yì shuāng xié，zěnme hái méi fā huò a?

Kèfú：Wǒ kànkan，bàoqiàn ne，qīn，shuāng shíyī xià dān tài duō le，wǒmen yídìng jǐnkuài gěi nín ānpái fā huò。

Wáng Yún：Dàgài shénme shíhou néng fā huò ne?

Kèfú：Qīn，qǐng nín nàixīn yìdiǎnr，wǒmen shì ànzhào xià dān de shùnxù ānpái fā huò de。Dàgài míngtiān dōu néng fā wán。Búguò xiànzài kuàidì duō，lùshang shíjiān kǒngpà huì cháng yìxiē。

Wáng Yún：Kěshì wǒ jízhe chuān，dōu yí gè xīngqī le，jīntiān hái fā bùliǎo ma? Néng bu néng xiǎng gè bànfǎ kuài diǎnr。

Kèfú：Qīn，shì jìdào nǎlǐ de?

Wáng Yún：Shànghǎi。

Kèfú：Nà zhèyàng，jìrán nín jízhe yòng，yàobù nín bǔ gè chājià，wǒmen gěi nín fā yí gè dàngtiān néng dào de kuàidì hǎo ma? Zhèyàng néng bǎozhèng shíjiān。

Wáng Yún：Hái xūyào bǔ chājià a? Wǒ dōu shì nǐmen jiā lǎo kèhù le，bù néng bāo yóu ma?

Kèfú：Bùxíng de，qīn，wǒmen shuāng shíyī yǐjīng méiyǒu lìrùn le，bāo bùliǎo le。

Wáng Yún：Hǎo ba，nǎpà yùnfèi guì diǎnr，néng dào yě xíng le。Xūyào bǔ duōshao? Zěnme bǔ?

Kèfú：Bǔ 20 kuài qián，wǒ gěi nín fā gè liànjiē，nín wǎngshang zhīfù yíxià jiù kěyǐ le。

Wáng Yún：Hǎo de，xièxie。

Kèfú：Bú kèqi，wǒ bāng nín bèizhù hǎo le。Jǐnkuài fā huò，fā dàngtiān néng dào de kuàidì。

三、对话生词

1. 双	shuāng	(measure word for a pair) 一双鞋，一双筷子
2. 鞋	xié	shoes
3. 急	jí	anxious 着急
4. 客服	kèfú	customer service
5. 催	cuī	to urge, to hurry, to press 催他们早点儿走，催学生快点儿走
6. 发货	fā huò	ship goods
7. 亲	qīn	dear
8. 耐心	nàixīn	patient; patience 很耐心，耐心一点儿；没有耐心
9. 下单	xià dān	to place an order
10. 尽快	jǐnkuài	as soon as possible 尽快发货，尽快出发
11. 安排	ānpái	to arrange, to plan, to set up 安排工作，安排发货
12. 路上	lùshang	on the way 在路上
13. 发不了（货）	fā bùliǎo (huò)	cannot ship (goods)
14. 寄	jì	to post, to mail 寄快递
15. 补	bǔ	to supplement 补课

16. 差价	chājià	price difference 补差价
17. 当天	dàngtiān	the same day
18. 保证	bǎozhèng	to guarantee, to ensure 保证时间,保证不迟到
19. 客户	kèhù	customer
20. 包邮	bāo yóu	free shipping, delivery fee included
21. 双十一	shuāng shíyī	Double Eleven (11th of Nov. is the special online shopping day launched by Alibaba company in 2009. Since then it has become the largest e-shopping day of the year for China and the world. On that day, Alibaba offers sales from a wider range and bigger brands. The day becomes something almost like Black Friday sales in some Western countries. Now it's the world's largest one-day online sale.)
22. 利润	lìrùn	profit 利润很高,没有利润
23. 包不了(邮)	bāo bùliǎo (yóu)	cannot ship the goods for free
24. 哪怕	nǎpà	even if
25. 链接	liànjiē	link 发链接,点开链接

26. 备注　　bèizhù　　to remark
写备注，备注一下

四、课文

前几天我给朋友寄了个快递，可是四五天了她还没收到。我给快递公司打电话，快递查了半天说联系不上收件人，所以一直没有送成功。原来是我把朋友的电话号码写错了，少写了一位数。后来，我朋友还是没有收到快递，因为他们全家出去玩儿，她让快递员把快递放在家门口，结果回家后发现快递不见了。看来，这真是一份收不到的快递啊！

Qián jǐ tiān wǒ gěi péngyou jìle gè kuàidì, kěshì sì-wǔ tiān le tā hái méi shōudào。Wǒ gěi kuàidì gōngsī dǎ diànhuà, kuàidì chále bàntiān shuō liánxì bú shàng shōujiàn rén, suǒyǐ yìzhí méiyǒu sòng chénggōng。Yuánlái shì wǒ bǎ péngyou de diànhuà hàomǎ xiěcuò le, shǎo xiěle yí wèi shù。Hòulái, wǒ péngyou háishi méiyǒu shōudào kuàidì, yīnwèi tāmen quánjiā chūqù wánr, tā ràng kuàidìyuán bǎ kuàidì fàng zài jiāménkǒu, jiéguǒ huí jiā hòu fāxiàn kuàidì bújiàn le。Kànlái, zhè zhēnshi yí fèn shōu bú dào de kuàidì a!

五、课文生词

1. 查	chá	to check, to look up 查词典(cídiǎn, dictionary),查快递,查天气预报
2. 半天	bàntiān	half a day, a long time 等了半天,看了半天,睡了半天
3. 收件	shōu jiàn	to receive mail or package 收件人
4. 成功	chénggōng	success; to succeed
5. 数	shù	number
6. 还是	háishi	still
7. 结果	jiéguǒ	result, in the end
8. 份	fèn	(measure word for meal order, job, and so on) 一份快递,一份工作

六、语法解释

1. 急着

动词"急"用于结构"主语+急着+动词+宾语"中,表示某人很着急要去做某事。

The verb "jí" is used in the structure of "Subject+jízhe+V.+object". It indicates that someone is anxious to do something.

下课后,她急着回家做饭。After class, she was anxious to go home to cook.

快点儿，我急着去上课呢。Hurry up, I'm in a hurry to get to class.

2. 催

"主语+催+某人+动词"是兼语句，意思是让某人快点儿或者早点儿发出动作行为。

兼语句是一个谓语由一个动宾短语和一个主谓短语组成的句子，动宾短语中的宾语同时兼做主谓短语的主语。

The structure of "Subject + cuī + sb. + V. + object" is a pivotal sentence. It means to urge someone to do something earlier or quickly.

The pivotal sentence refers to a sentence where the predicate is comprised of a verb-object phrase and a subject-predicate phrase, and the object in the verb-object phrase is also the subject in the subject-predicate phrase.

妈妈催孩子快点儿起床。Mother urged the child to get up faster.

老师催学生早点儿来上课。The teacher urged the students to come to class earlier.

3. 都……了

"都"是副词，表示"已经"的意思，句末要加"了"，表示已经该做什么事情了，现在还没做。

"Dōu" means "all" as we have learned before, here is used as an adverb, together with "le" constructing the structure meaning "already". It emphasizes under some circumstances that one should have done something, but hasn't.

都这么晚了,他还没睡。It's too late, but he still hasn't slept.(He should have gone to bed already.)

都结婚了,他还像个孩子。He's already married, but still behaves like a child.(He should have behaved like a mature adult.)

4. 可能补语:……不上、……不到

"联系不上、收不到"都是可能补语。

可能补语的构成是"动词+得/不+结果补语",用来补充说明动作能否实现某种结果。

"Liánxì bú shàng, shōu bú dào" are potential complements.

The structure of potential complement is "V. + de/bù + result complement", it is used to indicate the possibility of the occurrence of the result of an action.

他的手机没电了,我*联系不上*他。His cell phone is out of electricity. I can't get in touch with him.

放假了,如果你写这个地址,那么会*收不到*信。It's in holiday. If you write this address, I am afraid that you cannot receive the letter.

5. 哪怕……也/还……

"哪怕"后面表示假设,"也/还"后面表示原来的情况或者结果不会改变。

"Nǎpà" is used to introuduce a hypothesis, "yě/hái" indicates that even under the previous conditions, the results remain same.

哪怕你不同意,我也要去那儿。Even if you don't agree, I still want to go there.

哪怕明天下雨,我们也要参加比赛。Even if it rains tomorrow, we will take part in the match.

七、语法练习

1. 用指定词语完成句子

(1) 快迟到了,她________________________________。(急着)

(2) 听说孩子生病了,________________________________。(急着)

(3) A:你怎么还不睡觉?

B:没办法,老板________________________________。(催)

(4) A:我买的衣服怎么还没到?

B:亲,别着急,________________________________。(催)

(5) A:你今天怎么那么生气?

B:____。

(都……了)

(6) A:____。

(都……了)

B:您别着急,我的朋友们都没结婚呢。

(7) A:李丽,天气预报说明天天气不太好,你还去吗?

B:____。

(哪怕……也/还……)

（8）A：____。

（哪怕……也/还）

B：他真是一个好学生。

2. 选词填空

（1）不好意思，我__________着去上班，你能快点儿吗？

A. 急　　B. 催

C. 要　　D. 都

（2）时间不早了，我去________她起床吃早饭。

A. 该　　B. 把

C. 催　　D. 急

（3）__________你明天不来，我也会来。

A. 如果　　B. 哪怕

C. 恐怕　　D. 不但

（4）________大学毕业 2 年了，他还没去找工作。

A. 哪怕　　B. 如果

C. 因为　　D 都

（5）她的手机号码换了，所以我们__________她了。

A. 联系不上　　B. 联系不上来

C. 联系不起来　　D. 联系不好

（6）今天刚发货，明天应该____________。

A. 收不了　　B. 收不上

C. 收不到　　D. 收不好

八、听力练习：听后完成表格

	快　递　员	收　件　人
1	送到家里	不在家
2		8 点
3	明天送	
4	放________	
5		今天晚上送
6	放________，自己去拿	太________，放________

九、完成对话

王云：你好，我昨天在你家店里买的衣服发货了吗？

客服：亲，今天下午就会发货。

王云：好的，明天能到吗？

客服：______________________________(恐怕……不了)，后天应该可以。

王云：那后天是周末，我不上班，办公室没人。

客服：____________________，____________________。(既然……要不)

王云：那寄到我家里吧，地址是上海市延安西路 1508 号幸福小区。

客服：好的，______________________________(备注)，________

____________________（按照）。

王云：好的，请______________________________（尽快），________________________（急着）。

客服：好的，亲。

Wáng Yún：Nǐ hǎo，wǒ zuótiān zài nǐ jiā diàn li mǎi de yīfu fā huò le ma?

Kèfú：Qīn，jīntiān xiàwǔ jiù huì fā huò。

Wáng Yún：Hǎo de，míngtiān néng dào ma?

Kèfú：______________________________（kǒngpà …… bùliǎo），hòutiān yīnggāi kěyǐ。

Wáng Yún：Nà hòutiān shì zhōumò，wǒ bú shàng bān，bàngōngshì méi rén。

Kèfú：________________，________________。（jìrán …… yàobù）

Wáng Yún：Nà jìdào wǒ jiā li ba，dìzhǐ shì Shànghǎi shì Yán'ān xī lù 1508 hào Xìngfú xiǎoqū。

Kèfú：Hǎo de，__________________（bèizhù），________________（ànzhào）。

Wáng Yún：Hǎo de，qǐng ____________________________（jǐnkuài），______________________________（jízhe）。

Kèfú：Hǎo de，qīn。

十、同伴练习

先完成表格，再用所给词语完成一组对话。

A.

	谁给谁打电话	什么事情	最后怎么样	用什么词语
李天	快递员给李天打电话	问送快递的时间	周六上午 10 点送	恐怕、收不到
李丽				
马克	马克给客服打电话	催客服快点发货	明天发货	急着、按照
山本				

（B 同学看课末十、B）

十一、阅读理解

我前两天在网上买了一双鞋，店家很快就发货了，我很高兴地打开快递一看，还真的挺漂亮的。没想到我一穿才发现，这两只鞋尺码大小不一样，一只大，一只小。我有点儿不高兴了，他们怎么那么不认真呢。我上网联系了他们的客服，客服一听马上就向我道歉，还很热情地提出给我换一双，让我把现在这双退回去，他们出运费。等我又收到鞋子，又出问题了，这次尺码是一样了，可颜色不是我想要的。这次我真的生气了，打电话跟客服说我要退货，不要了。不管客服说什么，我都没同意，把鞋子退了回去。大概又过了三四天，我又收到一个快递，还是那家卖鞋的店发给我的，里面有一双我喜欢的、没有任何问题的鞋，还有一个小礼物和一张卡片，上面写着"亲爱的王小姐，很抱歉给您带来很多麻烦，这双鞋我们送给您了，还有这个小礼物也送给您，祝您每天开心！"好吧，我不生气了，虽然我不姓王，我姓李。唉……

Wǒ qián liǎng tiān zài wǎngshang mǎile yì shuāng xié, diànjiā hěn kuài jiù fā huò le, wǒ hěn gāoxìng de dǎkāi kuàidì yí kàn, hái zhēn de tǐng piàoliang de。Méi xiǎngdào wǒ yì chuān cái fāxiàn, zhè liǎng zhī xié chǐmǎ dàxiǎo bù yíyàng, yì zhī dà, yì zhī xiǎo。Wǒ yǒudiǎnr bù gāoxìng le, tāmen zěnme nàme bú rènzhēn ne。Wǒ shàng wǎng liánxì le tāmen de kèfú, kèfú yì tīng mǎshàng jiù xiàng wǒ dàoqiàn, hái hěn rèqíng de tíchū gěi wǒ huàn yì shuāng, ràng wǒ bǎ xiànzài zhè shuāng tuì huíqú, tāmen chū yùnfèi。Děng wǒ yòu shōudào xiézi, yòu chū wèntí le, zhè cì chǐmǎ shì yíyàng le, kě yánsè bú shì wǒ xiǎng yào de。Zhè cì wǒ zhēn de shēng qì le, dǎ diànhuà gēn kèfú shuō wǒ yào tuì huò, búyào le。Bùguǎn kèfú shuō shénme, wǒ dōu méi tóngyì, bǎ xiézi tuìle huíqù。Dàgài yòu guòle sān-sì tiān, wǒ yòu shōudào yí gè kuàidì, háishi nà jiā mài xié de diàn fāgěi wǒ de, lǐmiàn yǒu yì shuāng wǒ xǐhuan de、méiyǒu rènhé wèntí de xié, hái yǒu yí gè xiǎo lǐwù hé yì zhāng kǎpiàn, shàngmiàn xiězhe "qīn'ài de Wáng xiǎojiě, hěn bàoqiàn gěi nín dàilái hěn duō máfan, zhè shuāng xié wǒmen sònggěi nín le, hái yǒu zhège xiǎo lǐwù yě sònggěi nín, zhù nín měi tiān kāixīn!" Hǎo ba, wǒ bù shēngqì le, suīrán wǒ bú xìng Wáng, wǒ xìng Lǐ。Āi ……

判断对错

(1) “我”第一次收到的鞋颜色不一样。 (　　)

(2) 客服觉得他们没有问题。 (　　)

(3) “我”对第二次收到的鞋子还是不满意。 (　　)

(4) 第三次“我”拿到了自己想要的鞋子。 (　　)

(5) 鞋店给“我”的卡片写得非常好,“我”很满意。 (　　)

(6) 这是一家做事非常认真仔细的鞋店。 (　　)

十二、作文

题目:一次购物经历

(介绍一次网上购物的经历)

语言点:急着,催,愿意,要不,恐怕,可能补语

字数:300～350字

提示问题

(1) 你在网上买了什么东西?

______

(2) 这个商品包邮吗?发货及时吗?

______

（3）你觉得收到的东西和在网上看到的东西一样吗？

____

（4）你有没有跟客服联系告诉他们你的想法？

____

（5）你对这次网上购物的经历满意吗？

____

100字

200字

300字

十、B.

	谁给谁打电话	什么事情	最后怎么样	用什么词语
李天				
李丽	李丽给物业打电话	快递丢了	没找到	联系不上、尽快
马克				
山本	山本给客服打电话	买的衣服尺码不合适,想换	可以换	愿意、按照

第二十九课　这部电影很感人

本课目标

1. 能听懂电影(视)的导演、演员、片子类型等简单的信息 □
2. 能描述看电影(视)时的感受 □
3. 能介绍一部喜欢的电影(视) □

主要语言点

1. 状态补语 □
2. 多重修饰语 □
3. ……来着 □
4. 被 V.走 □

一、热身练习

1. 请将图片和电影(视)类型的名字连起来

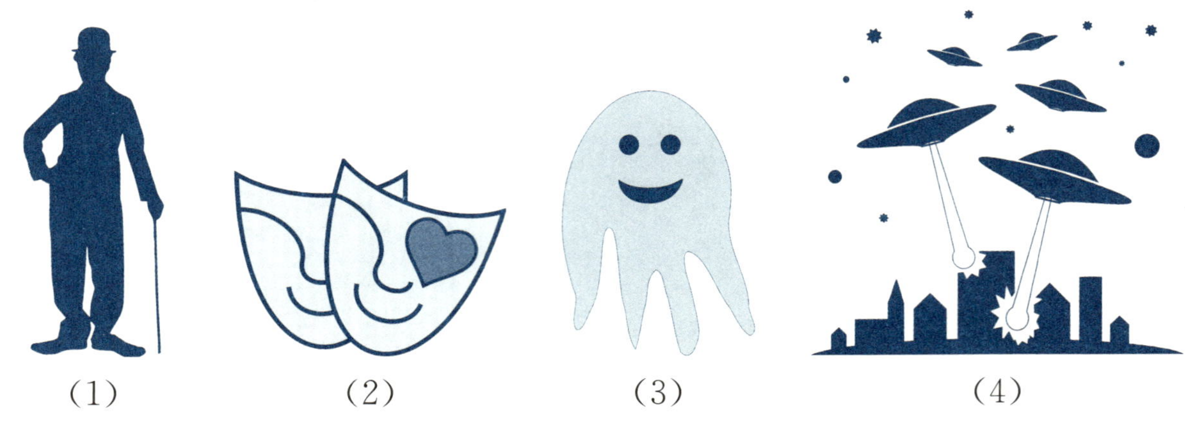

(1)　　(2)　　(3)　　(4)

A. 恐怖片　　B. 爱情片　　C. 科幻片　　D. 喜剧片

2. 问问你的同学下面这些问题

(1) 你喜欢看什么样的电影(视)?

(2) 你最喜欢的电影(视)叫什么?

(3) 你看过中国电影(视)吗?

(4) 你喜欢哪一位演员(或导演)?

二、对话

李丽：昨天你去看了什么电影？

王云：《战狼》呗，最近大家都在看这部电影，很热门。

李丽：好看吗？讲什么的？

王云：挺刺激的，它讲了一个中国军人的故事，看得我热血沸腾。

李丽：我对战争电影不感兴趣，我喜欢看爱情片。

王云：听说最近有部好莱坞的爱情电影，叫《爱乐之城》，英文名字是 La La Land，挺浪漫的，它还得了好几个奥斯卡奖。

李丽：我们找个时间一起去看吧。

王云：好啊。你看过的最感人的中国电影是什么？

李丽：我想想，应该是冯小刚导演拍的《唐山大地震》，我好像哭湿了一包纸巾。

王云：瞧你，太容易感动了。上次我去看一部外国电影，叫什么来着？别人哭得稀里哗啦，我在那儿哈哈大笑。

李丽：那也太夸张了吧？你笑点怎么这么低啊？

王云：我可没骗你。不信你下次跟我一起去，看看咱俩谁先笑谁先哭。

Lǐ Lì：Zuótiān nǐ qù kànle shénme diànyǐng?

Wáng Yún：《Zhàn Láng》bei，zuìjìn dàjiā dōu zài kàn zhè bù diànyǐng，hěn rèmén。

Lǐ Lì：Hǎokàn ma? Jiǎng shénme de?

Wáng Yún：Tǐng cìjī de，tā jiǎngle yí gè Zhōngguó jūnrén de gùshi，kàn de wǒ rèxuè-fèiténg。

Lǐ Lì：Wǒ duì zhànzhēng diànyǐng bù gǎn xìngqù，wǒ xǐhuan kàn àiqíng piàn。

Wáng Yún：Tīngshuō zuìjìn yǒu bù Hǎoláiwū de àiqíng diànyǐng，jiào《Aì Yuè Zhī Chéng》，Yīngwén míngzi shì "La La Land"，tǐng làngmàn de，tā hái déle hǎo jǐ gè Àosīkǎ jiǎng。

Lǐ Lì：Wǒmen zhǎo gè shíjiān yìqǐ qù kàn ba。

Wáng Yún：Hǎo a。Nǐ kànguo de zuì gǎnrén de Zhōngguó diànyǐng shì shénme?

Lǐ Lì：Wǒ xiǎngxiang，yīnggāi shì Féng Xiǎogāng dǎoyǎn pāi de《Tángshān Dà Dìzhèn》，wǒ hǎoxiàng kūshīle yì bāo zhǐjīn。

Wáng Yún：Qiáo nǐ，tài róngyì gǎndòng le。Shàng cì wǒ qù kàn yí bù wàiguó diànyǐng，jiào shénme láizhe? Biérén kū de xīlihuālā，wǒ zài nàr hāhā dà xiào。

Lǐ Lì：Nà yě tài kuāzhāng le ba? Nǐ xiàodiǎn zěnme zhème dī a?

Wáng Yún：Wǒ kě méi piàn nǐ。Búxìn nǐ xià cì gēn wǒ yìqǐ qù，kànkan zán liǎ shuí xiān xiào shuí xiān kū。

三、对话生词

1. 部	bù	(measure word for films, literature, etc.) 一部电影，一部著作
2. 感人	gǎnrén	touching 感人的电影/小说，这部感人的电影让我很感动
3. 电影	diànyǐng	movie
4. 战狼	Zhàn Láng	Wolf Warriors (name of a Chinese film, Zhàn means fight or war, Láng means wolf)
5. 呗	bei	(a sentence-final particle indicating that the idea is simple and easy to understand)
6. 热门	rèmén	popular
7. 好看	hǎokàn	interesting (here means the movie is attractive to watch)
8. 讲	jiǎng	to talk, to speak, to tell 讲故事，讲道理
9. 刺激	cìjī	exciting
10. 军人	jūnrén	soldier
11. 故事	gùshi	story
12. 热血沸腾	rèxuè-fèiténg	excitement (literally means one's blood boils)
13. 战争	zhànzhēng	war
14. 爱情	àiqíng	romantic love

15. 片	piàn	film 爱情片,战争片,动画片,恐怖片
16. 好莱坞	Hǎoláiwū	Hollywood
17. 浪漫	làngmàn	romantic
18. 奥斯卡奖	Àosīkǎ jiǎng	Oscar Awards (“jiǎng” means award or prize) 获奥斯卡最佳导演奖
19. 冯小刚	Féng Xiǎogāng	(a Chinese film director)
20. 导演	dǎoyǎn	to direct (a film); director
21. 拍	pāi	to shoot (a film) 拍电影,拍照
22. 唐山大地震	Tángshān Dà Dìzhèn	(a film name, literally mean Great Earthquake in Tangshan city)
23. 哭	kū	to cry
24. 湿	shī	wet
25. 包	bāo	bag (here used as a measure word) 一包纸,一包方便面,烟 20 元一包
26. 纸巾	zhǐjīn	paper napkin
27. 瞧	qiáo	to look, to see
28. 来着	láizhe	(used at the end of affirmative sentences or special questions to indicate past action or state, here indicating the speaker forgets about the name of a film and she's trying to recall it)

29. 稀里哗啦	xīlihuālā	(onomatopoetic or imitative word, describing the sound of crying)
30. 哈哈大笑	hāhā dà xiào	to laugh heartily
31. 夸张	kuāzhāng	exaggerating
32. 笑点	xiàodiǎn	punch-line, humorous point 笑点很低
33. 骗	piàn	to deceive, to fool, to swindle 骗子,骗人
34. 信	xìn	to trust
35. 咱俩	zán liǎ	we two

四、课文

最近我看了一部叫《归来》的电影,它讲了一个特殊的爱情故事。男主角是一个犯人,他从监狱逃了出来想看看自己的妻子和女儿,但是女儿把她父母要见面的事情告诉了警察。在约好的见面地点——火车站,妻子看着自己的丈夫再一次被抓走。多年以后,丈夫回家,发现他的妻子已经认不出自己。他只好假扮修理工接近她,并陪她去火车站等那个她认为还没回来但其实已经回来的丈夫。

Zuìjìn wǒ kànle yí bù jiào《Guīlái》de diànyǐng, tā jiǎngle yí gè tèshū de àiqíng gùshi。Nán zhǔjué shì yí gè fànrén, tā cóng jiānyù táole chūlái xiǎng kànkan zìjǐ de qīzi hé nǚ'ér, dànshì nǚ'ér bǎ tā fùmǔ yào jiànmiàn de shìqing gàosule jǐngchá。Zài yuē hǎo de jiànmiàn dìdiǎn — huǒchēzhàn, qīzi kànzhe zìjǐ de zhàngfu zài yí cì bèi zhuāzǒu。Duō nián yǐhòu, zhàngfu huíjiā, fāxiàn tā de qīzi yǐjīng rèn bu chū zìjǐ。Tā zhǐhǎo jiǎbàn xiūlǐgōng jiējìn tā, bìng péi tā qù huǒchēzhàn děng nàge tā rènwéi hái méi huílái dàn qíshí yǐjīng huílái de zhàngfu。

五、课文生词

1. 归来	Guīlái	(literally means to return, to come back, here is the name of a film)
2. 特殊	tèshū	special, particular 这个要求很特殊,特殊情况
3. 主角	zhǔjué	leading role 男女主角,配角
4. 犯人	fànrén	prisoner
5. 监狱	jiānyù	jail
6. 逃	táo	to run away, to flee
7. 妻子	qīzi	wife

8. 前途	qiántú	future, prospects 前途未卜，很有前途
9. 见面	jiànmiàn	to meet, to see 见了两次面
10. 事情	shìqing	thing, matter, affair
11. 警察	jǐngchá	policeman
12. 约	yuē	to make an appointment 约好见面时间
13. 地点	dìdiǎn	place, site, location
14. 火车站	huǒchēzhàn	train station
15. 丈夫	zhàngfu	husband
16. 抓走	zhuāzǒu	be arrested ("zhuā" means to be caught)
17. 多年	duō nián	many years
18. 假扮	jiǎbàn	disguise
19. 修理工	xiūlǐgōng	repairman
20. 接近	jiējìn	to approach
21. 其实	qíshí	actually, in fact

六、语法解释

1. 动词/形容词＋得＋分句

有一种情态补语是用来表示动作的结果或影响。动词词组或分句都可以放在“得”后面来说明前面的动词或形容词。对话中，王云觉得电影太刺激了,刺激到让她全身热血沸腾。

This is another kind of complement of mannar which is used to show the result or effect of an action. Verb phrases or clauses can be used as the complement to describe the verbs or adjectives before "de". It matchs English complex sentence "so ... that ...". In the dialogue, Wang Yun felt the movie was so excited that making her blood boiling.

他老得我都认不出来了。He has turned so old that I can hardly recognize him.

她跑得浑身是汗,满脸通红。She is got all sweaty and her face flushed after running.

2. 多重修饰语

在汉语里,用来修饰名词的词或词组都要放在名词前面。当有多重修饰语时,修饰语的顺序要按照与被修饰名词的关系越紧密就越靠近的原则来安排,限制性的修饰语要在描述性的修饰语前面。

In Chinese, the attributives have to precede the noun they modify. In progressive premodification, the modifier that is most susceptible to form an entity with the head noun will be the neareast to the head noun, and restrictive attributives precede descriptive attributives.

那部你看过的最感人的电影叫什么名字? What's the name of that the most touching movie that you have ever seen?

在这里,"最感人的"用来修饰名词,"你看过的"用来修饰"最感人的"和"电影",这两者的关系更紧密。而"那部"是限制性的修饰语,所以要放在前面。

In this sentence, "the most touching" modifies the movie, and "you have seen" modifies both "the most touching" and "movie", "the most touching movie" could be classified as an entity. "Nà bù" (that+measure word for film) is a restrictive attributive, and it precedes descriptive attributes.

这种很少见的植物只有在植物园才能看到。This kind of rarely-seen plant can only be observed in the botanic garden.

冰箱里的三瓶冰啤酒去哪儿? Where are the three bottles of ice beer in the fridge?

3. ……来着

"来着"用在问句中,在这里表示忘记了电影的名字,正在回想,也有希望听话人帮忙想出答案的意思。前面的提问部分常常是人名、地名等。

"Láizhe" here is used at the end of the question, denoting the speaker forgets the of the movie and is recalling the answer. It also indicates that the speaker hopes the listener to help offer the answer. The questions are often raised towards a person's name or a place name, etc.

这个人很面熟,他叫什么来着? This man looks very familiar. What's his name?

昨天我们去的那个地方叫什么来着? What's the name of the place that we went yesterday?

4. ……被+动词+走

这是被动句的一种形式,表示主语受到动作的影响并且离开了动作发生的地点。

"Bèi+V.+zǒu" is one form of passive structures, meaning the subject is affected by the action of the "doer" (which is usually omitted). "Zǒu" meaning "away" here is used as a complement.

我的钱包被偷走了。My wallet was stolen away.

你的衣服是什么时候被拿走的?When was your clothes taken away?

七、语法练习

1. 句型转换

例:A:他很累。B:他晚上六点就上床睡觉了。

→他累得晚上六点就睡觉了。

(1)《小别离》这部电视剧非常好看。我一个晚上就把它看完了。

____________好看得____________________

(2)在咖啡馆见到明星他很激动。他说不出话来。

____________激动得____________________

(3)我听了他说的笑话后大笑。我肚子都笑疼了。

____________笑得____________________

(4)我朋友去世的那天我哭了。一句话也说不出来。

____________哭得____________________

(5)为了上班不迟到,她跑步去地铁站。她上气不接下气。

__________跑得________________

2. 组句

（1）小说　那本　的　热门　非常　是我买的　书桌上

____

（2）我　电影　冯小刚导演　有　拍　的　爱情　三部

____

（3）校长旁边的　同学　那个　黄头发的　站在　男

是　我们的班长

____

（4）我　他的故事　一包纸巾　让　感动　哭湿了　得

____

（5）我的　走　电脑　借　朋友　被　了

____

3. 选择填空

（1）奶奶：________________？

爷爷：你怎么连她的名字也叫不出来。

A. 她是哪里人

B. 她叫什么来着

C. 是谁给她取的名字

D. 她的名字是两个字的还是三个字的

（2）这部电影让我非常________。

A. 浪漫　B. 感人　C. 哈哈大笑　D. 感动

(3) 我的车被儿子开________了。

A. 掉　　B. 上　　C. 回　　D. 走

(4) 我看过________书可以装满三个箱子。

A. 的　　B. 得　　C. 地　　D. 了

(5) 那个__________ 好像是我的小学同学。

A. 穿着西装的人站在门口

B. 人穿着西装站在门口

C. 穿着西装站在门口的人

D. 人站在门口穿着西装

八、听说练习：听后回答问题

(1) 周末他们可能会去看什么电影?

A.《芳华》　　B.《唐人街探案 1》

C.《唐人街探案 2》　　D.《泰囧》

(2) 女的觉得《芳华》怎么样?

____

(3) 男的觉得《唐人街探案》怎么样?

____

(4) 女的看了《泰囧》以后怎么样了?

____

(5) 男的觉得自己傻吗?

____

九、完成对话

李丽：你最喜欢的电影是哪一部？

王云：让我想想……应该是________，________________(感人)。

李丽：我没看过，它讲了个什么故事？

王云：________________________________(……得……)。

李丽：这个电影不错，我得找个时间去看一下。是谁拍的？主角是谁？

王云：________________。

李丽：你有电影的DVD吗？

王云：________________(被……走……)，你可以在网上搜一下。

李丽：我忘了那部电影的名字，__________(来着)？

王云：你看你，________________。

Lǐ Lì：Nǐ zuì xǐhuan de diànyǐng shì nǎ yí bù？

Wáng Yún：Ràng wǒ xiǎngxiang …… yīnggāi shì __________，________________(gǎnrén)。

Lǐ Lì：Wǒ méi kànguo，tā jiǎngle gè shénme gùshi？

Wáng Yún：________________________________(…… de ……)。

Lǐ Lì：Zhège diànyǐng búcuò，wǒ děi zhǎo gè shíjiān qù kàn yíxià。Shì shuí pāi de？Zhǔjué shì shuí？

Wáng Yún：________________。

Lǐ Lì：Nǐ yǒu diànyǐng de DVD ma？

Wáng Yún：________________(bèi …… zǒu ……)，nǐ kěyǐ zài wǎngshang sōu yíxià。

Lǐ Lì：Wǒ wàngle nà bù diànyǐng de míngzì，____________(láizhe)？

Wáng Yún：Nǐ kàn nǐ，________________。

十、同伴练习

A.

	看了什么电影	谁拍的？谁演的	这部电影怎么样
马克			
王云	《无间道》	刘伟强(Liú Wěiqiáng)导演，刘德华(Liú Déhuá)和梁朝伟(Liáng Cháowěi)是男主角	很有意思的电影，让人分不清谁是好人谁是坏人
李美			
张东	《功夫熊猫》	不太清楚导演是谁，这是一部动画片，没有演员	讲了一只熊猫想变成功夫高手的故事。感人、搞笑

(B 同学看课末十、B)

十一、阅读理解

下面的一段话介绍了一部电影，除了开头和结尾，中间的内容没有按照正确的顺序排列。请根据前后的关系，将五段话按正确的顺序排列。

最近我看了一部很感人的电影，它讲了一个叫胖叔的中年人生活发生变化的故事。

(1) 冲印店的经理是一个年轻人，他在帮胖叔洗照片的时候，发现这些照片都拍得很好，所以对他的生活非常感兴趣。他有空的时候就去胖叔家做客，跟他一起看电视。

(2) 胖叔生日的时候，他还把自己最好的相机送给了他。胖叔的生活开始变得有意思了。有一天，胖叔告诉这个年轻人自己有个梦想是去海边拍大海，但是自己实在太胖了，不能走很远。

(3) 这个年轻人为了实现胖叔的梦想，开着车带着胖叔来到了海边，他们在海边拍了一张令人难忘的合影。

(4) 这个胖叔有 200 多公斤重，一个人生活，每天除了吃就是看电视。他觉得这样的生活越来越无聊。

(5) 有一天他无意中发现了以前用过的相机，他就用这个玩自拍，还坐在家门口拍邻居和路过的行人。为了把自己觉得比较好的照片洗出来，他找到了附近的一家冲印店。

这个电影告诉我们要发现身边的美好事物，努力去实现梦想，这样的人生才会更有意义。

Zuìjìn wǒ kànle yí bù hěn gǎnrén de diànyǐng, tā jiǎngle yí gè jiào Pàng shū de zhōngniánrén shēnghuó fāshēng biànhuà de gùshi。

(1) Chōngyìndiàn de jīnglǐ shì yí gè niánqīngrén, tā zài bāng Pàng shū xǐ zhàopiàn de shíhou, fāxiàn zhèxiē zhàopiàn dōu pāi de hěn

hǎo，suǒyǐ duì tā de shēnghuó fēicháng gǎn xìngqù。Tā yǒu kòng de shíhou jiù qù Pàng shū jiā zuò kè，gēn tā yìqǐ kàn diànshì。

(2) Pàng shū shēngrì de shíhou，tā hái bǎ zìjǐ zuìhǎo de xiàngjī sònggěile tā。Pàng shū de shēnghuó kāishǐ biàn de yǒu yìsi le。Yǒu yì tiān，Pàng shū gàosu zhège niánqīngrén zìjǐ yǒu gè mèngxiǎng shì qù hǎi biān pāi dàhǎi，dànshì zìjǐ shízài tài pàng le，bù néng zǒu hěn yuǎn 。

(3) Zhège niánqīngrén wèile shíxiàn Pàng shū de mèngxiǎng，kāizhe chē dàizhe Pàng shū láidàole hǎi biān，tāmen zài hǎibiān pāile yì zhāng lìng rén nánwàng de héyǐng 。

(4) Zhège Pàng shū yǒu 200 duō gōngjīn zhòng，yí gè rén shēnghuó，měi tiān chúle chī jiùshì kàn diànshì。tā juéde zhèyàng de shēnghuó yuèláiyuè wúliáo 。

(5) Yǒu yì tiān tā wúyì zhōng fāxiànle yǐqián yòngguo de xiàngjī，tā jiù yòng zhège wán zìpāi，hái zuò zài jiāménkǒu pāi línjū hé lùguo de xíngrén。Wèile bǎ zìjǐ juéde bǐjiào hǎo de zhàopiàn xǐ chūlái，tā zhǎodàole fùjìn de yì jiā chōngyìndiàn 。

Zhège diànyǐng gàosu wǒmen yào fāxiàn shēnbiān de měihǎo shìwù，nǔlì qù shíxiàn mèngxiǎng，zhèyàng de rénshēng cái huì gèng yǒu yìyì。

十二、作文

题目：1. 写一次看电影的经历

2. 介绍一个你看过的中国电影

语言点：V./Adj. 得……，被 V.走，多重修饰语

字数：300～350 字

提示问题

（1）你最喜欢的电影叫什么名字？是一部什么类型的电影？

____

（2）这部电影的导演是谁？

____

（3）男女主角分别是谁？

____

（4）导演拍得怎么样？

____

（5）演员演得怎么样？

____

（6）这部电影讲了一个什么故事？

____

（7）你为什么喜欢这部电影？

100字

200字

300字

十、B.

	看了什么电影	谁拍的？谁演的	这部电影怎么样
马克	《泰坦尼克号(Tàitǎnníkèhào, Titanic)》	卡梅隆(Kǎméilóng, Cameron)导演，男女主角为美国著名演员	感人的爱情电影
王云			
李美	《活着》	张艺谋(Zhāng Yìmóu)导演，葛优(Gě Yōu)演男主角福贵，巩俐(Gǒng Lì)演女主角家珍	讲了福贵一生的故事，反映了中国的变化
张东			

第三十课　我们一起演个小品吧

本课目标

1. 能表达怎么组织活动，安排任务 □
2. 能描述一场活动或演出 □
3. 能听懂节目的类型、名字等信息 □
4. 能看懂和写节目单 □

主要语言点

1. 数……最好 □
2. 作为 □
3. ……是……，但是…… □
4. 才 □
5. 倒 □
6. 离合词 □
7. “地”字修饰语 □

一、热身练习

学期马上要结束了，你们班打算举办一场演出，请你和同学们讨论一下，你们会表演什么节目，并制作一张海报，欢迎大家来参加。

二、对话

老师：这学期快要结束了，期末的时候我们会有一场演出，每个班要出一个节目。大家讨论一下我们班要表演什么吧？

玛丽：我们班数马克和李美唱歌唱得最好，他们可以合唱一首。

金大中：他们虽然唱得不错，但是作为班级节目，大家都参加比较好。

田中：要不我们一起表演太极拳吧，太极拳不难学，而且大家一起打也很好看。

马克：打太极拳好是好，但是只有动作，不用说话，作为汉语课的结业表演，最好还是能用汉语表演。

李美：你说得有道理。可我们才学了这么些汉语，我们能表演什么呢？

金大中：我们一起表演一个小品怎么样？

玛丽：演小品得准备很长时间，挺花时间的。而且我们下课以后都很忙，没时间一起准备。

田中：这倒不用担心，我们把课上表演过的对话放进去，这样就容易多了。

马克：是啊，是啊，我们还可以在课间休息的时候讨论一下每个人的角色。这样大家分头回去准备就可以了。

玛丽：那得有一个人写剧本和台词，我的汉语不好，我帮不上忙。

王云：这不是什么难事，包给我吧。大家什么时候有空，我们一起讨论一下演什么和怎么演。

田中：太好了，要不就等会儿下课以后，我们一起讨论一下。

大家：好啊，没问题。

Lǎoshī：Zhè xuéqī kuài yào jiéshù le，qīmò de shíhou wǒmen huì yǒu yì chǎng yǎnchū，měi gè bān yào chū yí gè jiémù。Dàjiā tǎolùn yíxià wǒmen bān yào biǎoyǎn shénme ba?

Mǎlì：Wǒmen bān shǔ Mǎkè hé Lǐ Měi chàng gē chàng de zuì hǎo，tāmen kěyǐ héchàng yì shǒu。

Jīn Dàzhōng：Tāmen suīrán chàng de búcuò，dànshì zuòwéi bānjí jiémù，dàjiā dōu cānjiā bǐjiào hǎo。

Tiánzhōng：Yàobù wǒmen yìqǐ biǎoyǎn tàijíquán ba，tàijíquán bù nán xué，érqiě dàjiā yìqǐ dǎ yě hěn hǎokàn。

Mǎkè：Dǎ tàijíquán hǎo shì hǎo，dànshì zhǐyǒu dòngzuò，búyòng shuōhuà，zuòwéi Hànyǔ kè de jiéyè biǎoyǎn，zuìhǎo háishi néng yòng Hànyǔ biǎoyǎn。

Lǐ Měi：Nǐ shuō de yǒu dàolǐ。Kě wǒmen cái xuéle zhèmexiē Hànyǔ，wǒmen néng biǎoyǎn shénme ne？

Jīn Dàzhōng：Wǒmen yìqǐ biǎoyǎn yí gè xiǎopǐn zěnmeyàng？

Mǎlì：Yǎn xiǎopǐn děi zhǔnbèi hěn cháng shíjiān，tǐng huā shíjiān de。Érqiě wǒmen xià kè yǐhòu dōu hěn máng，méi shíjiān yìqǐ zhǔnbèi。

Tiánzhōng：Zhè dào búyòng dānxīn，wǒmen bǎ kèshang biǎoyǎnguo de duìhuà fàng jìnqù，zhèyàng jiù róngyì duō le。

Mǎkè：Shì a，shì a，wǒmen hái kěyǐ zài kèjiān xiūxi de shíhou tǎolùn yíxià měi gè rén de juésè。Zhèyàng dàjiā fēntóu huíqù zhǔnbèi jiù kěyǐ le。

Mǎlì：Nà děi yǒu yí gè rén xiě jùběn hé táicí，wǒ de Hànyǔ bù hǎo，wǒ bāng bu shàng máng。

Wáng Yún：Zhè bú shì shénme nánshì，bāogěi wǒ ba。Dàjiā shénme shíhou yǒu kòng，wǒmen yìqǐ tǎolùn yíxià yǎn shénme hé zěnme yǎn。

Tiánzhōng：Tài hǎo le，yàobù jiù děng huìr xià kè yǐhòu，wǒmen yìqǐ tǎolùn yíxià。

Dàjiā：Hǎo a，méi wèntí。

三、对话生词

1. 演	yǎn	to perform，to show (a film) 演节目，演小品，演得很好
2. 小品	xiǎopǐn	short performance
3. 学期	xuéqī	semester
4. 结束	jiéshù	to end，to finish
5. 演出	yǎnchū	performance；to perform 看一场演出；明天的京剧在哪儿演出
6. 节目	jiémù	item (on a program) 这场演出一共有五个节目
7. 讨论	tǎolùn	to discuss
8. 表演	biǎoyǎn	performance；to perform 有一万多观众观看他的表演；表演得很到位
9. 数	shǔ	to count 数一数

10. 唱歌	chàng gē	to sing
11. 合唱	héchàng	choir
12. 首	shǒu	(measure word for poems and songs, etc.) 朗诵一首唐诗,唱一首爱情歌曲
13. 作为	zuòwéi	(prep.) as
14. 班级	bānjí	class
15. 太极拳	tàijíquán	(a form of traditional Chinese shadow boxing)
16. 动作	dòngzuò	action, movement 做几个动作,动作太大
17. 结业	jiéyè	to complete a course
18. 有道理	yǒu dàolǐ	to be reasonable
19. 花	huā	to spend 花钱,花时间,花精力
20. 而且	érqiě	but also, and
21. 倒	dào	on the contrary
22. 担心	dānxīn	to worry 担心下大雨,担心考试不及格
23. 课上	kèshang	in the lesson
24. 对话	duìhuà	dialogue
25. 多了	duō le	a lot more, much more 我比他高多了,高铁快多了
26. 课间	kèjiān	break (between classes)

27.	角色	juésè	role (in a performance/film) 演好人的角色
28.	分头	fēntóu	separately 分头去找
29.	剧本	jùběn	play, opera, or movie script
30.	台词	táicí	script
31.	帮忙	bāngmáng	to help 帮个忙,帮他的忙
32.	包	bāo	to take full responsibility for everything 这件事包在我身上

四、课文

今天是我们汉语课结业典礼的日子,我既高兴又紧张。高兴的是这学期的汉语课结束了,我的汉语有了很大的进步,紧张的是我们班要表演一个小品。我们小品的题目是“我的老师”,这个小品演的是我们的汉语老师王老师。她既耐心又和善。虽然我们常常闹各种各样的笑话,比如把“睡觉”说成“水饺”等,但是老师总是一遍一遍地帮我们改正。老师还经常鼓励我们,让我们学得更有动力。小品演完后,观众们都热烈鼓掌,我们和老师都很激动,大家互相拥抱。

Jīntiān shì wǒmen Hànyǔ kè jiéyè diǎnlǐ de rìzi, wǒ jì gāoxìng yòu jǐnzhāng。Gāoxìng de shì zhè xuéqī de Hànyǔ kè jiéshù le, wǒ de Hànyǔ yǒule hěn dà de jìnbù, jǐnzhāng de shì wǒmen bān yào biǎoyǎn yí gè xiǎopǐn。Wǒmen xiǎopǐn de tímù shì “Wǒ de Lǎoshī ”,zhège xiǎopǐn yǎn de shì wǒmen de Hànyǔ lǎoshī Wáng lǎoshī。Tā jì nàixīn yòu héshàn。Suīrán wǒmen chángcháng nào gèzhǒng-gèyàng de xiàohua, bǐrú bǎ “shuìjiào” shuōchéng “shuǐjiǎo” děng, dànshì lǎoshī zǒngshì yí biàn yí biàn de bāng wǒmen gǎizhèng。Lǎoshī hái jīngcháng gǔlì wǒmen, ràng wǒmen xué de gèng yǒu dònglì。Xiǎopǐn yǎnwán hòu, guānzhòngmen dōu rèliè gǔzhǎng, wǒmen hé lǎoshī dōu hěn jīdòng, dàjiā hùxiāng yōngbào。

五、课文生词

1. 典礼	diǎnlǐ	celebration, ceremony
2. 日子	rìzi	day, date
3. 紧张	jǐnzhāng	nervous, anxious
4. 进步	jìnbù	progress
5. 和善	héshàn	kind and gentle
6. 闹	nào	(here is used with “xiàohua”, meaning to make a joke) 闹笑话,闹事

7. 笑话	xiàohua	joke
8. 遍	biàn	(measure word indicating time in repetition)
9. 改正	gǎizhèng	to put right, to correct 改正错误,改正缺点
10. 鼓励	gǔlì	to encourage
11. 动力	dònglì	driving force
12. 观众	guānzhòng	audience
13. 热烈	rèliè	warm, enthusiastic 热烈欢迎,热烈鼓掌,晚会的气氛很热烈
14. 鼓掌	gǔzhǎng	to applaud, to clap
15. 激动	jīdòng	exciting
16. 拥抱	yōngbào	to embrace, to hug 互相拥抱

六、语法解释

1. 数……最……

课文中"数马克和李美唱歌唱得最好"的意思是在班级所有同学中,这两个人在唱歌方面是最厉害的。这里"数"有通过比较选出来的意思。这一结构用来表示最突出的例子。

The sentence "shǔ Mǎkè hé Lǐ Měi chàng gē chàng de zuìhǎo" means Mark and Li Mei sing best among all the students. Here "shǔ" is usually followed by a noun or noun phrase, whose features are singled out by the superlative "zuì" plus adjective or psychological words or ability words etc. It is usually used as a comment to provide a prominent example based on the comparison.

全校数她最漂亮。She is the most beautiful in the school.

在所有的垃圾中数塑料袋的污染最严重。Plastic bags are the most serious pollution among all the wastes.

2. 作为

这里指人的某种身份或事物的某个特征。

Here "zuòwéi" refers to the role of somebody or the character of something.

作为一名老师，最重要的是要关心学生。As a teacher, the most important thing is to care for students.

作为一种交流工具，汉语是世界上使用人数最多的语言。As a communicative tool, Chinese is the most spoken language in the world.

3. ……是……，但是……

这是表示转折的结构，前一分句表示同意对方的评价，后一分句提出不同的意见。

This structure denotes transition in a gentle way, which expresses the agreed opinion in the first clause and then contrasts in the second sentence.

这个菜好吃是好吃,但是油太多,对身体不好。This dish is delicious, but it's too oily and not good to the health.

他帅是帅,但是不是我喜欢的类型。Although he is handsome, he isn't my type.

4. 才

在这里"才"表示学汉语的时间少,水平不高,有"只"的意思。"才"也可以放在数量词或时间词前,表示数量小、时间早或快、次数少等意思。

"Cái" in the dialogue indicates the less time spent in learning Chinese, so the level of the language is not high enough. It carries the similar meaning of "zhǐ (only)". It can also precede numbers and measure words or time words to indicate less in quantity or frequency, earlier in time or quicker in speed.

我们只上了一次汉语课,才学了五个汉字。We only took one Chinese lesson, and only learnt five Chinese characters.

这个公司才五个员工,每年却有一千万元的利润。This company has only five staffs, but yields 10 million Yuan profit every year.

5. 倒

在这里表示跟想的相反,也就是田中觉得准备小品不像玛丽想的那么麻烦。

"Dào" is used to denote the contrary to what is expected or thought, which means performing a xiǎopǐn is not as difficult as Mary expected in Tianzhong's opinion.

刚才外面在下雨，我出门倒不下了。It was raining outside just now, but it stopped when I got out.

刚到中国的时候我很想家，现在倒不那么想了。I missed my home a lot when I just arrived in China, but now I don't miss it that much.

6. 离合词

对话里有一个词"帮忙"，它在对话里被放入了其他的成分。这个词是由一个动词成分"帮"和名词成分"忙"组合而成的，中间可以放入别的成分，这样的词我们叫离合词。以前我们学过的"见面""睡觉"，也是这一类词。

In the dialogue, we've got a word "bāngmáng" with other grammatical components inserted in between. This kind of verbs named seperable verb consists of a verb part (here is "bāng") and an object part (here is "máng") or with other words in between. We have also learned such kind of verbs like "jiànmiàn" "shuìjiào".

你可以帮我一个忙吗？Can you do me a favor?

他们见过两次面。They have met twice.

我一个星期没睡几天觉。I only slept a little in a whole week.

7. 结构助词"地"

在汉语里，有些结构加上"地"可以作为状语修饰动词。形容词加上“地”是最常见的组合,但并不是所有形容词都可以和“地”搭配,因此需要分类学习。大部分的双音节形容词可以和“地”搭配,重叠形容词要和“地”一起做状语。有些双音节副词也可以与“地”组合。有些固定表达也必须使用“地”做状语。

In Chinese, some grammatical items can take structural partical “de” to perform aderverbially to describe actions. The most used collocation is “Adj.＋de”, but not all adjectives need “de” to modify verbs, so we need to memorize each category individually. A large number of disyllabic adjectives can premodify verbs with “de”, and various forms of reduplicated adjectives need “de” to perform adverbially. Some disyllabic adverbs can occur with “de”. Some fixed expressions need “de” to function adverbially.

他激动地跑了出去。He ran out excitedly.

玛丽高高兴兴地去上学了。Mary went to school happily.

天气渐渐地变冷了。The weather turns to cold gradually.

她一心一意地爱着他。She loves him whole-heartedly.

七、语法练习

1. 句型变换

用“数……最……”改写下面的句子。

(1) 在他学过的语言中,汉语最有意思。

____

(2) 所有人中，他表演得最好。

____

(3) 结业典礼的节目中，唱歌的最多。

____

用“作为”改写下面的句子。

(1) 这是一家著名的公司，他们每年会帮助很多穷人的孩子实现梦想。

____

(2) 美国是世界上重要的大国，要帮助全世界实现和平。

____

(3) 他是一名老司机，知道安全的重要性。

____

用“……是……，但是……”改写下面的句子。

(1) 这个城市很大，但是很落后。

____

(2) 他人很好，但是不会说话。

____

(3) 香蕉有营养，但是多吃可能会对身体不好。

____

2. 选择正确的助词填入下面的一段话

地　　的　　得

李美______孩子，今年十岁，长______高高______，有 50 公斤重，走起路来一摇一摆______，完全像个大人。上个星期上海下雪，他激动______玩了一天的雪。第二天就冻______感冒了，只好在家安静______躺着。可是，他趁妈妈出去买东西就偷偷______出去玩雪，结果发烧发到 40 度，把他妈妈气______要死。

3. 改错

(1) 这个小品不错，倒有点儿长。

____

(2) 我好像记得下午要见面她。

____

(3) 他的成绩不太好，请你多帮忙他。

____

(4) 游泳我学了一次，才不会游。

____

(5) 请换唱歌成太极拳。

____

八、听说练习：听后回答问题

(1) 他们在讨论什么？

____

(2) 女的为什么现在要讨论这个？

____

(3) 这个晚会可能有几个节目?

____

(4) 谁的歌唱得最好?

____

(5) 下次开会要讨论什么?

____

九、完成对话

玛丽:你觉得今天我们班的演出怎么样?

杰克:我觉得大家的表现都不错,所有的节目中__________(数……最……)。

玛丽:是吗?我觉得__________(……是……,但是……)。

杰克:你最喜欢哪个节目呢?

玛丽:我最喜欢大卫的魔术。

杰克:__________(倒觉得)。我更喜欢李美的表演,她舞跳得真有感情。

玛丽:我听说她从小就开始跳,__________(V.了……了),跳得不好才怪呢。

杰克:这__________(跟……没有关系),最重要的是跳的时候有没有感情。

玛丽:你对跳舞这么有研究,什么时候你也跳给我们看看。

杰克:我可不会跳,__________(倒)。

玛丽：是吗？我还不知道你有这个爱好。

Mǎlì：Nǐ juéde jīntiān wǒmen bān de yǎnchū zěnmeyàng?

Jiékè：Wǒ juéde dàjiā de biǎoxiàn dōu búcuò，suǒyǒu de jiémù zhōng ________________（shǔ...... zuì ......）。

Mǎlì：Shì ma? Wǒ juéde ______________（...... shì ......，dànshì）。

Jiékè：Nǐ zuì xǐhuan nǎge jiémù ne?

Mǎlì：Wǒ zuì xǐhuan Dàwèi de móshù。

Jiékè：__________（dào juéde）。Wǒ gèng xǐhuan Lǐ Měi de biǎoyǎn，tā wǔ tiào de zhēn yǒu gǎnqíng。

Mǎlì：Wǒ tīngshuō tā cóngxiǎo jiù kāishǐ tiào，_________________（V. le ...... le），tiào de bù hǎo cái guài ne。

Jiékè：Zhè ____________（gēn ...... méiyǒu guānxì），zuì zhòngyào de shì tiào de shíhou yǒu méiyǒu gǎnqíng。

Mǎlì：Nǐ duì tiàowǔ zhème yǒu yánjiū，shénme shíhou nǐ yě tiàogěi wǒmen kànkan。

Jiékè：Wǒ kě bú huì tiào，____________（dào）。

Mǎlì：Shì ma? Wǒ hái bù zhīdào nǐ yǒu zhège àihào。

十、同伴练习

学校结业典礼的节目单少了一些内容，请询问你的同学然后把这个单子填完整。

A.

结业典礼节目单

时间：＿＿＿＿＿＿＿＿

地点：教学楼二楼报告厅

主持人：安娜、＿＿＿＿

1. 开场表演——舞蹈（表演者：三1班李爱、大伟、王朋等）
2. ＿＿＿＿＿＿＿＿＿＿＿＿
3. 小提琴、吉他弹唱《对不起我的中文不好》（表演者：四2班文丽、小马）
4. ＿＿＿＿＿＿＿＿
5. 发优秀（yōuxiù，excellent）学生证书（zhèngshū，certificate）
6. 学生代表发言（五1班班长[泰国]陈丽）
7. ＿＿＿＿＿＿＿＿
8. ＿＿＿＿＿＿＿＿
9. 合唱《新年快乐》（演唱者：全体教师）
10. ＿＿＿＿＿＿＿＿

（B同学看课末十、B）

十一、阅读理解

金星出生于中国沈阳，他从小就对跳舞很感兴趣，九岁开始学习跳舞，18岁到法国表演，21岁获奖学金去美国纽约学习现代舞。先后在韩国、比利时举办过个人作品晚会。28岁做了变性手术，变成了女人，这引起了不少争议。90年代回国发展，成立了中国第一家私人舞蹈团——金星舞蹈团。她还参加过几部国外电影的演出。2014年开始创办个人节目《金星秀》，成为家喻户晓的人物。

Jīn Xīng chūshēng yú Zhōngguó Shěnyáng，tā cóngxiǎo jiù duì tiàowǔ hěn gǎn xìngqù，jiǔ suì kāishǐ xuéxí tiàowǔ，shíbā suì dào Fǎguó biǎoyǎn，èrshíyī suì huò jiǎngxuéjīn qù Měiguó Niǔyuē xuéxí xiàndàiwǔ。Xiānhòu zài Hánguó、Bǐlìshí jǔbànguo gèrén zuòpǐn wǎnhuì。Èrshíbā suì zuòle biànxìng shǒushù，biànchéngle nǚrén，zhè yǐnqǐle bù shǎo zhēngyì。Jiǔshí niándài huí guó fāzhǎn，chénglìle Zhōngguó dì-yī jiā sīrén wǔdǎotuán —Jīn Xīng Wǔdǎotuán。Tā hái cānjiāguo jǐ bù guówài diànyǐng de yǎnchū。2014 nián kāishǐ chuàngbàn gèrén jiémù《Jīn Xīng Xiù》，chéngwéi jiāyù-hùxiǎo de rénwù。

1. 请给这段文章选一个合适的题目（　　）

   A. 舞蹈王子

   B. 著名舞蹈家——金星

   C. 金星的一生

2. 回答以下问题

   （1）金星的舞跳得怎么样？

   ____

   （2）什么事情让大家对金星有不同的看法？

   ____

   （3）金星舞蹈团成立的时候跟中国别的舞蹈团有什么不一样？

   ____

3. 请根据解释找出文中的表达

(1) 所有的人都知道，非常著名（　　　　）

(2) 不同意见的讨论（　　　　）

(3) 以前没有的，后来做成的（　　　　）

十二、作文

题目：1. 写一个结业典礼的节目单，包括表演的形式和节目的名字

2. 介绍一次你参加过的演出

语言点：数……最……，作为，……是……，但是，地，离合词，多重修饰语

字数：300～350 字

提示问题（题目 2）

(1) 你参加过什么样的演出？唱歌？表演小品还是魔术？

____

(2) 你是一个人参加还是和同学或家人一起参加？

____

(3) 你为什么参加？

____

(4) 你觉得这个活动有意义？有意思吗？

（5）表演的准备工作做得怎么样？

（6）表演的过程顺利吗？表演是不是达到了你想要的效果？

（7）表演结束以后，观众们的反应怎么样？你的心情如何？

100字

200字

300字

十、B.

结业典礼节目单

时间：12 月 16 日星期五

地点：________________

主持人：________、小高

1. ________________
2. 太极拳表演(表演者：一 1 班全体学生)
3. ________________
4. 小品《我进步了》(表演者：二 1 班和 2 班)
5. ________________
6. ________________
7. 优秀(yōuxiù，excellent)教师颁奖(bānjiǎng，awards)
8. 教师代表发言(一 3 班王老师)
9. ________________
10. 发结业证书

附录一　词汇总表

爱情　àiqíng　romantic love　L29

爱心　àixīn　love　L25

安排　ānpái　to arrange, to plan, to set up　L28

按照　ànzhào　in accordance with, on the basis of　L22

奥斯卡奖　Àosīkǎ jiǎng　Oscar Awards (“jiǎng” means award or prize) L29

呗　bei　(a sentence-final particle indicating that the idea is simple and easy to understand)　L29

班级　bānjí　class　L30

半天　bàntiān　half a day, a long time　L28

帮　bāng　to help　L24

帮忙　bāngmáng　to help　L30

包　bāo　bag (here used as a measure word)　L29
to take full responsibility for everything　L30

包不了(邮)　bāo bùliǎo(yóu)　cannot ship the goods for free　L28

包邮　bāo yóu　free shipping, delivery fee included　L28

保证 bǎozhèng to guarantee, to ensure (11th of Nov. is the special online shopping day launched by Alibaba company in 2009. Since then it has become the largest e-shopping day of the year for China and the world. On that day, Alibaba offers sales from a wider range and bigger brands. The day becomes something almost like Black Friday sales in some Western countries. Now it's the world's largest one-day online sale.) L28

备注 bèizhù to remark L28

本来 běnlái originally L25

比赛 bǐsài competition, contest, match L26

必不可少 bìbùkěshǎo indispensable, essential L26

毕业 bìyè to graduate L23

闭 bì to close L24

变成 biànchéng to change into, to turn into, to become L21

变化 biànhuà change L21

遍 biàn (measure word indicating time in repetition) L30

表演 biǎoyǎn performance; to perform L30

别说……就是…… biéshuō...... jiùshì...... not to mention ... even ... L21

补 bǔ to supplement L28

不仅 bùjǐn not only L22

不如 bùrú it would be better to L26

不用 búyòng need not L21

不止 bùzhǐ not limited to L21

布料 bùliào fabric L22

部 bù (measure word for films, literature, etc.) L29

部分 bùfen section, part L26

材料 cáiliào material L27

裁缝 cáifeng tailor, dressmaker L22

参加 cānjiā to participate, to attend L26

查 chá to check, to look up L28

差价 chājià price difference L28

长发　chángfà　　long hair　　L23
长跑　chángpǎo　　long distance running　　L26
唱歌　chàng gē　　to sing　　L30
陈　Chén　　（a surname）　　L21
衬衫　chènshān　　shirt　　L23
成　chéng　　to become　　L27
成功　chénggōng　　success；to succeed　　L28
成绩　chéngjì　　grade，score，achievement　　L26
成为　chéngwéi　　to become　　L25
盛　chéng　　to pick up with a utensil　　L27
尺寸　chǐcùn　　measurement，size　　L22
宠物店　chǒngwùdiàn　　pet shop　　L25
臭　chòu　　smelly　　L25
刺激　cìjī　　exciting　　L29
从来　cónglái　　always，from the past till the present（often used with 不/没 to mean never）　　L25
葱　cōng　　scallion，green onion　　L27
醋　cù　　vinegar　　L27
催　cuī　　to urge，to hurry，to press　　L28

打　dǎ　　to whip up an egg　　L27
打架　dǎjià　　to fight　　L25
打理　dǎlǐ　　to care　　L24
打招呼　dǎ zhāohu　　to greet　　L24
大便　dàbiàn　　defecate　　L25
大型　dàxíng　　large-scale，large　　L25
戴　dài　　to wear（accessories：watch，glasses ...）　　L23
担心　dānxīn　　to worry　　L30
当　dāng　　to be（something/somebody）　　L22
　　　　when（point in time）　　L24
　dàng　　to take to be，to count as　　L27

当然 dāngrán certainly, of course L21
当天 dàngtiān the same day L28
导演 dǎoyǎn to direct (a film); director L29
倒 dào to pour L27
on the contrary L30
到底 dàodǐ to the end L26
得 dé to obtain, to get, to receive L26
地点 dìdiǎn place, site, location L29
第一名 dì-yī míng the first place L26
典礼 diǎnlǐ celebration, ceremony L30
电影 diànyǐng movie L29
店员 diànyuán store clerk L25
丁 dīng cubes of meat and vegetables L27
定金 dìngjīn deposit L22
动力 dònglì driving force L30
动作 dòngzuò action, movement L30
短跑 duǎnpǎo short distance race L26
短袖 duǎnxiù short sleeved L22
锻炼 duànliàn to exercise L26
对……感兴趣 duì ...... gǎn xìngqù be interested in ... L21
对话 duìhuà dialogue L30
多了 duō le a lot more, much more L30
多年 duō nián many years L29

而且 érqiě but also, and L30

发不了(货) fā bùliǎo (huò) cannot ship (goods) L28
发货 fā huò ship goods L28
发展 fāzhǎn to develop L21
发型 fàxíng hairstyle L24
发质 fàzhì hair quality L24

翻 fān to turn over L27
犯人 fànrén prisoner L29
非洲 Fēizhōu Africa L26
分头 fēntóu separately L30
份 fèn （measure word for meal order，job，and so on） L28
冯小刚 Féng Xiǎogāng （a Chinese film director） L29
否则 fǒuzé otherwise，if not，or else L24
服装 fúzhuāng clothes L22
复杂 fùzá complicated，complex L27
副 fù （measure word for a pair） L23

该 gāi should L22
改 gǎi to change，to revise L22
改正 gǎizhèng to put right，to correct L30
盖 gài to build (a house) L21
干 gān dry L24
干洗 gānxǐ dry cleaning L24
感觉 gǎnjué to feel L26
感人 gǎnrén touching L29
刚刚 gānggāng just recently L23
搞 gǎo to do，to make，to be engaged in L25
告诉 gàosu to tell L24
个子 gèzi height L22
各 gè every，each L25
根本 gēnběn at all，simply L25
根据 gēnjù according to，basis L27
跟 gēn to follow L21
宫保鸡丁 Gōngbǎo jīdīng Kung Pao chicken L27
估计 gūjì to estimate L21
姑娘 gūniang girl，daughter L26
鼓励 gǔlì to encourage L30

鼓掌 gǔzhǎng to applaud，to clap L30

故事 gùshi story L29

顾 gù to attend to，to care for L25

怪不得 guàibude no wonder，so that's why L23

观众 guānzhòng audience L30

归来 Guīlái （literally means to return，to come back，here is the name of a film） L29

国外 guówài overseas，abroad L21

过 guò used after a verb to indicate a experiential aspect L21

过奖 guòjiǎng to flatter，to praise too much L22

哈哈大笑 hāhā dà xiào to laugh heartily L29

好看 hǎokàn interesting （here means the movie is attractive to watch） L29

好莱坞 Hǎoláiwū Hollywood L29

好奇 hàoqí curious；curiosity L23

合唱 héchàng choir L30

合身 héshēn well-fitting（clothing） L22

和善 héshàn kind and gentle L30

黑椒牛肉 Hēijiāo niúròu Black Pepper Beef L27

后来 hòulái later，afterwards L26

胡萝卜 húluóbo carrot L27

护理 hùlǐ （hair，mouth，skin） care L24

花 huā to spend L30

还是 háishi still L28

黄瓜 huángguā cucumber L27

灰色 huīsè grey L24

回头客 huítóukè repeat customer L22

浑身 húnshēn all over the body L26

活动 huódòng activity L24

火车站 huǒchēzhàn train station L29

机场　jīchǎng　airport　L21
机会　jīhuì　chance, opportunity　L21
鸡胸肉　jīxiōngròu　chicken breast　L27
激动　jīdòng　exciting　L30
即使　jíshǐ　even if, even though　L22
急　jí　anxious　L28
记　jì　to remember　L22
既然　jìrán　since, as, now that　L24
既……又……　jì …… yòu ……　both ... and ...　L26
寄　jì　to post, to mail　L28
寄养　jìyǎng　to give ... to look after　L25
加强　jiāqiáng　to reinforce, to strengthen　L26
加热　jiārè　heat up　L27
加入　jiārù　to join　L22
加油　jiāyóu　to make an extra effort, to refuel　L26
家　jiā　family, home; (measuare word for shop, hospital ...)　L27
家人　jiārén　family member　L25
假扮　jiǎbàn　disguise　L29
坚持　jiānchí　to persist, to persevere　L26
监狱　jiānyù　jail　L29
剪　jiǎn　haircut　L24
减轻　jiǎnqīng　to lighten, to ease, to alleviate　L26
见面　jiànmiàn　to meet, to see　L29
健康　jiànkāng　health; healthy　L25
讲　jiǎng　to talk, to speak, to tell　L29
酱油　jiàngyóu　soy sauce　L27
角色　juésè　role (in a performance/film)　L30
接　jiē　to meet, to pick someone up　L21
接近　jiējìn　to approach　L29
接下来　jiēxiàlái　next, then, follow　L27
节目　jiémù　item (on a program)　L30

结果 jiéguǒ result，in the end L28

结束 jiéshù to end，to finish L30

结业 jiéyè to complete a course L30

结账 jiézhàng to pay the bill L24

金毛 jīnmáo （It literally means golden fur，here refers to a bread of dogs，which is called Golden Retriever.） L25

紧张 jǐnzhāng nervous，anxious L30

尽快 jǐnkuài as soon as possible L28

进步 jìnbù progress L30

近 jìn near L22

精神 jīngshen spirit，vigorous L23

警察 jǐngchá policeman L29

镜子 jìngzi mirror L24

久 jiǔ for a long time L21

剧本 jùběn play，opera，or movie script L30

聚会 jùhuì get-together；party L22

卷 juǎn curly L24

军人 jūnrén soldier L29

开叉 kāichà bifurcation L22

可不是 kěbúshi yes L25

客服 kèfú customer service L28

客户 kèhù customer L28

客人 kèrén guest L22

课间 kèjiān break（between classes） L30

课上 kèshang in the lesson L30

恐怕 kǒngpà I'm afraid，probably L22

口味 kǒuwèi a person's preferences of tastes L27

哭 kū to cry L29

夸张 kuāzhāng exaggerating L29

宽 kuān wide L21

款式 kuǎnshì pattern, style, design L22

拉 lā to pull L25
啦啦队 lālāduì cheering squad L26
辣椒 làjiāo chilli, pepper L27
来 lái more L26
来不及 láibují not enough time, it's too late (to do sth.) L22
来得及 láidejí have enough time, there's still time (to do sth.) L22
来着 láizhe (used at the end of affirmative sentences or special questions to indicate past action or state, here indicating the speaker forgets about the name of a film and she's trying to recall it) L29
浪漫 làngmàn romantic L29
老家 lǎojiā hometown L21
老气 lǎoqì look older than one's age L24
理 lǐ to pay attention to, to show interest in L24
理发师 lǐfàshī barber L24
厉害 lìhai so well, very good L26
立领 lìlǐng stand collar L22
利润 lìrùn profit L28
俩 liǎ (a numeral-measure word) two, both L23
连 lián even L24
脸型 liǎnxíng facial type L24
练习 liànxí to practise L26
链接 liànjiē link L28
料酒 liàojiǔ cooking wine L27
领子 lǐngzi shirt collar L22
另外 lìngwài in addition L25
刘海 liúhǎi fringe L24
留 liú to retain, to keep, to preserve L23
流行 liúxíng popular L24
遛 liù to walk (the dog) L25

笼子 lóngzi cage L25
路上 lùshang on the way L28
乱 luàn messy L25

麻婆豆腐 Mápó dòufu Mapo Tofu (name of a hot and spicy bean curd dish) L27
马拉松 Mǎlāsōng marathon L26
马路 mǎlù street, road L21
慢工出细活 màngōng chū xìhuó slow work fine work L22
猫 māo cat L25
毛茸茸 máoróngróng furry L25
毛衣 máoyī sweater L23
棉 mián cotton L22
名次 míngcì place in a competition L26

拿手菜 náshǒu cài dishes that someone is good at L27
哪怕 nǎpà even if L28
那时 nàshí at that time L26
耐心 nàixīn patient; patience L28
难 nán difficult L24
闹 nào (here is used with "xiàohua", meaning to make a joke) L30
能手 néngshǒu someone who is skillful in doing something that is usually manipulated by hand L26
农田 nóngtián farmland L21

拍 pāi to shoot (a film) L29
派 pài to send, to dispatch L21
胖 pàng fat L23
培养 péiyǎng to cultivate L25
片 piàn film L29
骗 piàn to deceive, to fool, to swindle L29

品种 pǐnzhǒng kind, type, variety L25
浦东 Pǔdōng the east side area of the Huangpu River in Shanghai L21
普通 pǔtōng ordinary L24

妻子 qīzi wife L29
其次 qícì next, secondly, then L25
其实 qíshí actually, in fact L29
旗袍 qípáo cheongsam, a long formal dress with a slit skirt L22
千万 qiānwàn to be sure to, must L24
前台 qiántái front desk L24
前途 qiántú future, prospects L29
强 qiáng strong L26
瞧 qiáo to look, to see L29
巧 qiǎo coincidental L23
切 qiē to cut, to slice L27
亲 qīn dear L28
轻松 qīngsōng gentle, relaxed L26
清理 qīnglǐ to clean up L25
请客 qǐngkè to treat, to host a dinner L27
全程 quánchéng entire journey, whole trip L26
犬 quǎn dog L25

染 rǎn to dye L24
热烈 rèliè warm, enthusiastic L30
热门 rèmén popular L29
热情 rèqíng enthusiastic; enthusiasm L24
热血沸腾 rèxuè-fèiténg excitement (literally means one's blood boils) L29
认错 rèncuò mistake ... for ... L23
日子 rìzi day, date L30

散 sǎn loosen L27

晒 shài (sun) to shine upon, to dry in the sun L23

上(一)次 shàng(yí)cì last time L21

稍微 shāowēi a little bit L23

设计 shèjì design; to design L22

身高 shēngāo height L23

甚至 shènzhì even L25

绳子 shéngzi rope L25

湿 shī wet L29

市区 shìqū urban L21

事情 shìqing thing, matter, affair L29

收件 shōu jiàn to receive mail or package L28

首 shǒu (measure word for poems and songs, etc.) L30

首先 shǒuxiān first of all, before all others L25

受不了 shòubuliǎo cannot stand, cannot bear L24

瘦 shòu thin, skinny L23

梳 shū to comb L24

舒服 shūfu comfortable L26

输赢 shūyíng lose or win (here means result of a match) L26

熟 shú ripe, cooked L27

数 shǔ to count L30

数 shù number L28

帅哥 shuàigē handsome guy L24

拴 shuān to bolt L25

双 shuāng (measure word for a pair) L28

双十一 shuāng shíyī Double Eleven L28

说不定 shuōbudìng perhaps, maybe L25

说话 shuōhuà to talk L23

丝绸 sīchóu silk L22

酸 suān sour L27

台词 táicí script L30
太极拳 tàijíquán (a form of traditional Chinese shadow boxing) L30
唐山大地震 Tángshān Dà Dìzhèn (a film name, literally mean Great Earthquake in Tangshan city) L29
糖 táng sugar, candy L27
烫 tàng perm L24
逃 táo to run away, to flee L29
讨论 tǎolùn to discuss L30
特点 tèdiǎn characteristic, distinguishing feature L22
特殊 tèshū special, particular L29
天哪 tiān na God L24
天生 tiānshēng innate, to be born with L26
挑战 tiǎozhàn challenge L26
停车场 tíngchēchǎng parking lot L21
同事 tóngshì colleague L23
头发 tóufa hair (on human head) L24
腿 tuǐ leg L25

忘 wàng to forget L23
为了 wèile in order to, for the sake of L26
卫生 wèishēng hygiene L25
味道 wèidào taste, flavour L27
喂 wèi to feed, to raise L25
温顺 wēnshùn gentle, mild L25
无聊 wúliáo boring L26

西红柿炒鸡蛋 Xīhóngshì chǎo jīdàn Stir Fried Tomato and Egg L27
西裤 xīkù suit pants L23
稀里哗啦 xīlihuālā (onomatopoetic or imitative word, describing the sound of crying) L29
洗 xǐ to wash L24

下单　xià dān　to place an order　L28
吓　xià　to frighten, to scare　L25
显得　xiǎnde　to look, to seem, to appear　L23
香　xiāng　appetizing, fragrant　L27
箱(子)　xiāng(zi)　box　L21
想法　xiǎngfǎ　idea　L22
项　xiàng　item　L26
像　xiàng　(look) like, similar (to)　L23
像……似的　xiàng …… shìde　It seems like …　L26
小伙子　xiǎohuǒzi　young man　L23
小块儿　xiǎo kuàir　small pieces　L27
小朋友　xiǎopéngyǒu　little kid, child　L25
小品　xiǎopǐn　short performance　L30
笑点　xiàodiǎn　punch-line, humorous point　L29
笑话　xiàohua　joke　L30
笑眯眯　xiàomīmī　smilingly, deaming　L23
鞋　xié　shoes　L28
新闻　xīnwén　news　L26
新颖　xīnyǐng　new and original　L22
信　xìn　to trust　L29
行李　xíngli　luggage　L21
性格　xìnggé　personality, character　L25
修　xiū　to repair, to mend, to build, to trim　L24
修理工　xiūlǐgōng　repairman　L29
需要　xūyào　need　L27
学期　xuéqī　semester　L30

压力　yālì　pressure, stress　L26
腌　yān　to salt, pickle　L27
盐　yán　salt　L27
颜色　yánsè　color　L24

眼睛　yǎnjing　eyes　L23

眼镜　yǎnjìng　glasses　L23

演　yǎn　to perform，to show（a film）　L30

演出　yǎnchū　performance；to perform　L30

养　yǎng　to raise　L25

样品　yàngpǐn　sample　L22

摇　yáo　to shake，to rock　L24

咬　yǎo　to bite　L25

药水　yàoshuǐ　（here means perm liquid）　L24

要不　yàobù　otherwise，or else　L22

以前　yǐqián　before　L21

以为　yǐwéi　to think，to believe　L23

毅力　yìlì　perseverance，willpower　L26

拥抱　yōngbào　to embrace，to hug　L30

由于　yóuyú　thanks to，as a result of　L25

油　yóu　oil；oily　L27

有道理　yǒu dàolǐ　to be reasonable　L30

有名　yǒumíng　famous　L22

与众不同　yǔzhòng-bùtóng　unique　L22

愿意　yuànyì　to wish/be willing（to do sth.）　L22

约　yuē　to make an appointment　L29

咱俩　zán liǎ　we two　L29

糟糕　zāogāo　in a terrible mess，terrible　L27

战狼　Zhàn Láng　Wolf Warriors（name of a Chinese film，Zhàn means fight or war，Láng means wolf）　L29

战争　zhànzhēng　war　L29

丈夫　zhàngfu　husband　L29

照顾　zhàogù　to look after　L25

支付宝　Zhīfùbǎo　Alipay　L22

纸巾　zhǐjīn　paper napkin　L29

至少 zhìshǎo at least L22
中餐 zhōngcān Chinese food L27
中式 Zhōngshì Chinese style L22
忠诚 zhōngchéng loyal L25
终于 zhōngyú finally L21
重 zhòng heavy L21
主角 zhǔjué leading role L29
注意 zhùyì to pay attention to, to take notice of L25
抓走 zhuāzǒu be arrested ("zhuā" means to be caught) L29
专 zhuān special L22
壮 zhuàng strong L25
准备 zhǔnbèi to prepare L27
着 zhe (durative aspect particle, see Grammar notes 1) L23
自由 zìyóu freedom, free L25
总是 zǒngshì always L26
作为 zuòwéi (prep.) as L30
做起来 zuò qǐlái to start to do sth. L27

附录二　听力文本

第二十一课

八、听说练习：听后回答问题

（李丽在机场到达出口等马克）

李丽：哎，马克。

马克：啊，李丽。

李丽：你一点儿也没变。

马克：那么多年没见，我快认不出来你了。

李丽：我是不是胖了很多？

马克：没有，没有。你好像瘦了，发型也变了，更漂亮了。

李丽：是吗？谢谢。你行李挺多的，要我帮你吗？

马克：不用，我自己来，让你女孩子帮我拿，我不好意思。

李丽：这有什么？我可不比你差。

马克：没事。虽然多了点，但是不重。

李丽：那好吧。我的车在停车场，你跟我来吧。

马克：好，我们走。

第二十二课

八、听力练习：听后填表

女：师傅，我想做一件结婚礼服。

男：您要结婚了，恭喜呀。您想做中式还是西式的？

女：中式的，但也不想穿旗袍。

男：没问题，我建议你穿中式长裙，不仅好看，还显得年轻。

女：我要丝绸布料的，有什么颜色？

男：婚礼最好还是红色，您看这个红色，很正。

女：好，就听您的。

男：您想做长袖还是短袖？

女：短袖吧。

男：您看这个款式是七分袖，跟这种领子搭配，很适合婚礼穿。

女：是挺好看的。

男：裙子就做长款怎么样？

女：好的，没问题。

男：那我帮您量一下尺寸吧，小王，你帮我记一下，衣长 52，裙长 104，胸围 88，袖长 42。

女：我什么时候来试衣？

男：下周五 25 号就可以。

女：谢谢您！

第二十三课

八、听说练习：听后回答问题

女生：警察先生，我妈妈不见了。

警察(男)：什么时候不见的？

女生：今天早上 7 点半左右她出去买菜，就再没有回来。

警察：老人有什么特别的地方？

女生：我妈妈刚刚六十岁，身高一米六二，体重五十几公斤，留着短发，她今天出门的时候穿着一件紫色的毛衣，黑色的裤子，拿着一个红色的购物袋。

警察：她带着手机吗？

女生：带着，我们打过她手机，没电了。

警察：今天发生过什么吗？

女生：没有，和平时差不多。

警察：你再好好儿想想，还有什么吗？

女生：我想想……对了，最近总有人给她打电话。

警察：这个很重要，我们去查一下。你把她的电话、你的电话、你们家地址都写在这里，还有什么要第一时间告诉我们。

第二十四课

八、听力练习：听后判断正误

服务员：先生，您理发还是烫发？

顾客：头发太长了，剪短就可以。

服务员：好，您想剪什么发型？

顾客：那个人是什么发型？

服务员：那是现在很流行的韩式短发，不过需要烫一下。

顾客：我不想烫，每天早上得打理，我可受不了。就理平头吧。

服务员：您的脸型比较圆，我建议您把两边剃得短一点，头顶留长一点。看上去显得更年轻。

顾客：好呀，但千万别太短。

服务员：好，您先洗头吧。

第二十五课

八、听力练习

男：听说你最近又养了一只猫？你怎么那么喜欢猫？

女：这不是跟你喜欢养狗一样嘛。

男：我养狗，是因为狗能陪我。

女：但养狗比较麻烦，每天要遛狗，如果我工作忙，就很难照顾它。猫可以不出门，或者自己出去玩，自己回家，比较省心。

男：狗比猫听话，也更聪明，可以帮我做很多事情。

女：但是猫比狗爱干净，我家的猫咪每天都会把自己搞得干干净净。

男：真有意思，猫狗都是人类的好朋友，但它们有这么多不同。

女：可不是，猫狗的性格不一样。你是狗的主人，它对你忠诚。我和猫像朋友，我们有自己的空间。

A：我从来没养过猫，有机会我也养养猫，你也养养狗。

第二十六课

八、听力练习：听后选择

（体育播报员）

欢迎大家收听今天的里约奥运会赛事结果播报。在昨天结束的短跑比赛中，来自牙买加的著名运动员博尔特得到了男子 100 米和 200 米两个第一。他还在男子 4×100 米的比赛中，为牙买加队拿了金牌。昨天的 100 米比赛，他跑出了 9 秒 81，虽然这一成绩不是他最好的成绩，但他仍然是目前世界上跑得最快的运动员。

女子短跑 100 米和 200 米比赛的第一名是汤普森，她也是来自牙买加的运动员。她分别跑了 10 秒 71 和 21 秒 78。在奥运会历史上，上一次由同一女飞人一个人得 100 米、200 米双金，还得回到 1988 年的韩国奥运会。当时美国运动员乔伊娜分别用 10 秒 54 和 21 秒 34 得到第一，这两个成绩至今仍是世界纪录。当我们的记者问她对打破 100 米的世界纪录有没有信心时，她说：“对大多数女飞人来说，跑到 10 秒 6 或 10 秒 7 都已经非常困难了，至于 10 秒 5？这恐怕永远也做不到，至少我做不到。”

第二十七课

八、听说练习：听后完成表格并回答问题

李阿姨：太太，今天要做什么？

王云：你先把房间好好儿打扫一下吧，特别是客厅。然后把卫生间里所有的衣服洗完。

李阿姨：好的。

王云：我买了一些花和水果，你洗完衣服把花放到花瓶里，把水果洗干净，都拿到客厅来。

李阿姨：知道了。今天要做什么菜吗？

王云：下午我有朋友要来，我们一起做宫保鸡丁和麻婆豆腐。你按照我告诉你的方法把材料准备好就可以了。

李阿姨：好的，放心吧。

第二十八课

八、听力练习：听后完成表格

快递员：您好，快递，家里有人吗？

王云：不好意思，我们在外面吃饭，不在家。你能换个时间吗？

快递员：你们家大概几点有人？

王云：大概晚上八点左右吧。

快递员：那太晚了，我还要去别的地方。明天好吗？

王云：明天恐怕不行，明天我们也不在家。

快递员：那怎么办？要不给您放门口？

王云：不可以的，容易丢。今天晚上你送不了吗？

快递员：我有很多快递急着送，要不您自己去我们公司拿吧。

王云：太麻烦了，那你帮我放物业吧。

第二十九课

八、听说练习：听后回答问题

男：周末你有空吗？我们一起去看电影吧？

女：最近有个新电影，叫什么来着？挺好看的。

男：你是说那个冯导拍的《芳华》吗？

女：不是，不是，那是说我们父母亲年轻时的故事，有点伤心，我想看的是喜剧。

男：喜剧的话，就是王宝强演的《唐人街探案 2》。

女：对，就是这部，听说很有意思。

男：第一部我看过，故事确实很有意思，结果让你想不到。

女：上次我看王宝强的《泰囧》，笑得我肚子都疼了。

男：夸张了吧，我觉得没这么好笑，总觉得宝强演的角色有点儿傻。

女：你还说他傻，你跟他比也好不到哪儿去。

男：平时我可不傻，见到你就傻了。

第三十课

八、听说练习：听后回答问题

女：我们讨论一下春节晚会的节目吧。

男：这么早啊，现在才 11 月，春节晚会得明年 2 月才举办呢。

女：早点讨论，早点决定，大家准备的时间也会比较多。

男：这倒也是。你说说你的想法吧。

女：春节晚会要热热闹闹的，我们可以安排一个合唱节目。

男：唱什么比较好呢？

女：要不唱《恭喜发财》，这首歌热闹一点。而且我们可以让会跳舞的同学伴舞。

男：跳舞的话，数玛丽最好，跟她说一下吧。

女：要不要来个小品？大家学了这么多年汉语，用汉语演个小品应该没问题。

男：演什么得想一下。我们问一下王老师的看法吧。

女：那这个节目就包给你了。田中学了那么多年太极拳，他应该可以给大家表演一个节目。

男：小明的泰拳也很厉害，他们可以一起演个节目。

女：还有杰克好像会拉二胡。我问问他愿不愿意表演。

男：这几个节目差不多了，还有游戏和抽奖呢。

女：好，我们先分别跟这几个同学说一下。下次大家一起来开会，我们安排一下具体的事情。

附录三　口语话题表达评分参考标准

优：能正确使用全部关键语言点，非关键语言点的表达也准确无误，内容丰富、表达连贯、发音标准、无洋腔洋调。

良：能正确使用全部关键语言点，非关键语言点存在个别小错误，内容较丰富、表达较连贯、发音较标准。

中：能较为准确地表达，用错或漏用一个关键语言点，内容简单，有表达不太连贯，出现个别为使用关键语言点而造句的现象，发音不太标准。

低：仅能表达有限的内容，用错或漏用两个以上关键词，内容较少，出现较多停顿、反复和错误，表达不连贯，发音较难听懂。

差：没有使用关键词或全部使用错误，内容非常简单、表达不连贯、答非所问、存在大量语法错误、发音很难听懂。

附录四　作文评分参考标准

优：切题，内容完整，文字通顺、连贯，基本无错误，能使用本单元水平或以上的语言点。字数达到要求。

良：切题，内容较完整，文字较通顺、连贯，有一些错误，但不影响意思的理解。字数达到要求。

中：比较切题，内容不太完整，文字不太通顺、连贯，错误较多，有个别严重语法错误，影响意思的理解。字数未达到要求。

低：能写一些切题的话，内容不完整，文字不通顺、不连贯；错误很多，且有较多严重语法错误，很多内容无法理解。字数未达到要求。

差：内容与题目无关，只有个别词语、句子。